会話力のある人は、うまくいく。

中谷彰宏

Gakken

君が僕に言ったひと言を
僕は覚えている。
君のひと言で
僕はかなりハッピーになった。

中谷彰宏

あきひろ

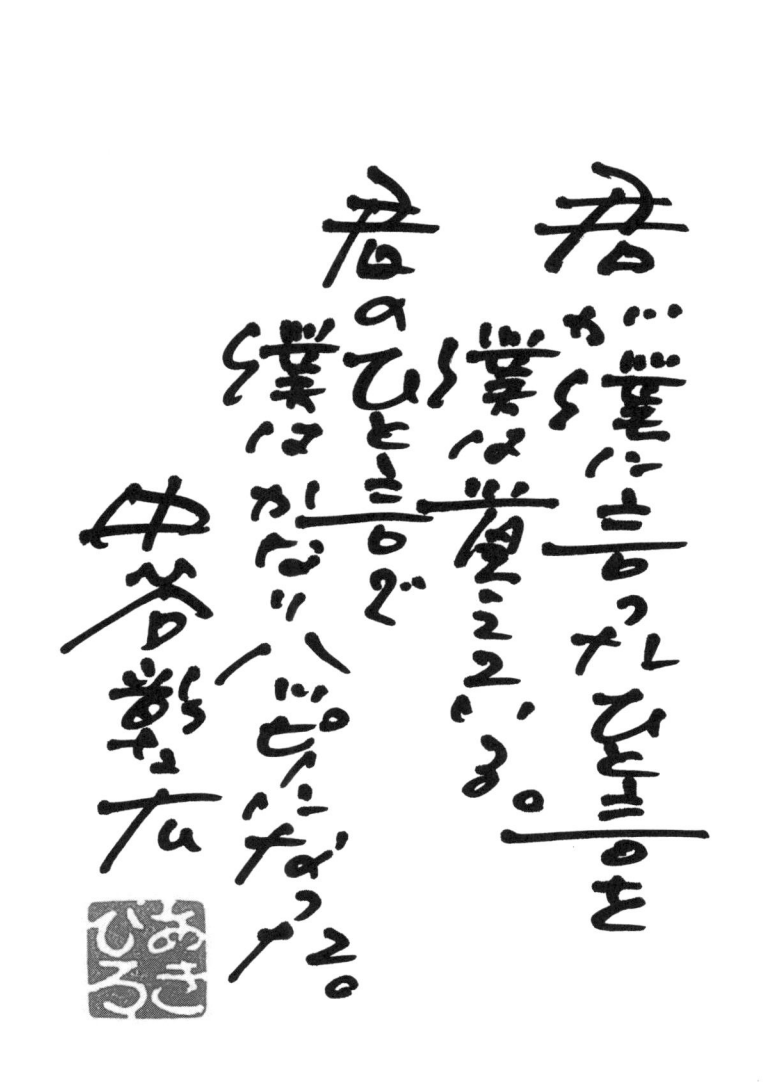

この本は、
3人のために
書きました。

1 自分から何を話せばいいか、わからない人。

2 話しにくい人から、話しやすい人になりたい人。

3 ひと言で、相手と仲よくなりたい人。

Prologue

01

「今日も、きれいだね」より、「今日は、きれいだね」と言う人がモテる。

「今日も、きれいだね」と「今日は、きれいだね」とでは、どちらが女性は喜ぶでしょうか。

講演でこの質問をすると、10人中10人の男性が「今日も、きれいだね」を選びます。

「『今日は、きれいだね』と言ったら、『今日だけで悪かったわね。いつもは汚いということですね』と怒りましたよ。『そんなことないよ。今日も、きれいだよ』と言い直したんです」と言うのです。

これは、男性の勘違いです。

1回で懲りたトラウマがあるのです。

会話は、ひとからげにしないほうがいいのです。
「その時」「その場所」「その人」にだけ言う言葉が、一番喜ばれます。

「やっぱり20代はピチピチだな」というのは、オヤジのセクハラ言葉です。

間違いは、「ピチピチ」と言ったことではありません。

相手を、20代にまとめてしまったことです。

「君はピチピチだな」とか「今日はピチピチだな」と言うなら、まだいいのです。

「やっぱり20代はピチピチだな」は、いかにもセクハラオヤジの女性蔑視の発言になるのです。

女性が「いつもはきれいでなくてゴメンね」と言うのは、怒っているわけではありません。

本当は、喜んでいるのです。

究極、「今日も、きれいだね」より、「今日は、きれいじゃないね」のほうがウレしいのです。

「今日」に限定しているからです。

うしろにつく言葉を考えるより、「今日」の特別性を指摘することです。

ほとんどの男性は、「いつもきれいでなくてゴメンね」という言葉を文字どおり受け取ります。

それがトラウマになって、間違った会話を生み出します。

上っつらの言葉だけで、本当のメッセージをとらえられないと、会話力のない人になるのです。


結局、男性も女性も、会話力のある人がモテるのです。

会話力のある人と、一緒にいたいからです。

たまたまスケジュールがあいて、誰かをごはんに誘います。

AさんとBさんの2人の候補がいた時に、どちらの女性を選ぶかです。

ここで、会話力が求められます。

会話力の意味がわからないと、「あっちのほうが若いからでしょ」ということになります。

年齢も、ルックスも、スタイルも、関係ありません。
選ばれるのは、会話力のある人です。
仕事でも、会話力のある人が、面接にも通るし、出世します。
上司やお客様、恋人に愛される「ひと言」を覚えていくことです。
その第一歩が、挨拶なのです。

チャンスをつかむ話し方 01

相手をガッカリさせている言葉に、気づこう。

会話力のある人は、うまくいく。

チャンスをつかむ話し方67

01 相手をガッカリさせている言葉に、気づこう。
02 会話の前に、挨拶の練習をしよう。
03 相手よりも、先に声をかけよう。
04 会釈で、ごまかさない。
05 5メートル離れたところから、挨拶しよう。
06 相手が作業中でも、挨拶しよう。
07 挨拶することで、苦手を克服しよう。
08 返事を、求めない。
09 知らない人とも、話そう。
10 1秒でも、話そう。
11 無生物とも、話そう。

40 メモすることを、忘れて聞こう。
41 図々しく、話そう。
42 前に会った時の話題を、覚えておこう。
43 「その話、聞いた」と叩きつぶさない。
44 知っている話の、展開を聞こう。
45 「もしも話」を、楽しもう。
46 女性の上司には、セーラー服かブレザーか聞こう。
47 効能を語るより、つらい状況を聞こう。
48 話す前から、笑おう。
49 歩きながら、話そう。
50 「行ってらっしゃい」には、「行ってきます」と言おう。
51 「ありがとうございました」より、「行ってらっしゃい」と言おう。
52 日常の言葉を、使いこなそう。
53 相手の言葉を、自分の言葉に置きかえない。
54 ヘラヘラ笑いになっていることに、気づこう。

Contents

会話力のある人は、
うまくいく。

Prologue

Chapter 1 挨拶で、人生が変わる。

Chapter 2
「ひと言力」がある人が、うまくいく。

Chapter 3
会話力のある人は、言葉よりメッセージを受け取る。

Chapter 4
聞き手のひと言で、話し手のテンションを上げる。

Chapter 5

相手の心に踏み込む言葉で、距離が縮まる。

Chapter 6
上司やお客様に、ひと言で愛される。

Chapter 7

NGワードで、相手の話を叩きつぶさない。

Epilogue

装丁・本文デザイン　轡田昭彦＋坪井朋子
校正　乙部美帆
カバー写真　©SHIN WATANABE/orion/amanaimages

Chapter 1

挨拶で、人生が変わる。

02

挨拶ができる人は、会話ができる。

「会話が苦手」と言う人も、「挨拶ぐらいはできる」と思っています。
これは、勘違いです。
その挨拶が、雑なのです。
挨拶をおろそかにして会話をしようとしても、しくじるのです。

市立柏高校の吹奏楽部は、全国でも常にトップクラスです。
吹奏楽の練習の前に、まず、挨拶の練習をします。
挨拶ができないと、吹奏楽は呼吸が合わないのです。
管楽器の基本は、呼吸です。

呼吸の基本となるのが、挨拶なのです。

会話も、微妙な呼吸が大切です。

僕は、**「会話力のない人は挨拶をしよう」**とアドバイスしています。

「会話が苦手」と思っている人はいますが、「挨拶が苦手」と思っている人はいないのです。

雑にやっていると、できていないことにも気づきません。

会話と違って、挨拶はできなくても認識しにくいのです。

まずは、きちんと挨拶をしてみると、自分がいかにちゃんとできないかがわかります。

会話の基本は、挨拶です。

会話が苦手なのは、その一歩手前の挨拶ができないところに原因があるのです。

チャンスをつかむ話し方 02

会話の前に、挨拶の練習をしよう。

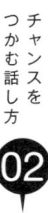

03

［挨拶10則 **1**］

自分からするのが、挨拶だ。
先にされて返すのは、挨拶ではなく、返事だ。

今日、自分が誰に挨拶をしたかをノートに書き出してみます。

その中で、自分からした挨拶に○をつけます。

振り返ってみると、自分からした挨拶は1つもないのです。

誰かに「おはようございます」と言われて、「おはようございます」と返します。

これは、挨拶には入りません。

自分から先にするのが、挨拶です。

誰かに挨拶されて返すのは、返事です。

これは、挨拶にはカウントしません。

つまり、挨拶をミスったということです。

挨拶は、早押しクイズです。

先に押されたら、解答権がなくなります。

たとえ正解を知っていても、クイズ番組では2番目は正解を出せません。

ランプがつかないのです。


自分から先に挨拶のできない人は、挨拶ができるとは言えません。


会話力のない人も、同じです。

常に受け身で、誰かからされたらしようと思っています。

「様子を見よう」という傍観者の姿勢なのです。

会話は、参加することで成り立ちます。

僕がクイズ番組に出ていて一番感じるのは、ボタンを押しても自分のランプがまったくつかないことです。

早押しに負けるのは、参加意識が弱いからです。

テレビを見ている側の気分で、クイズ番組に出ていたのです。

それでは、勝てません。

03 相手よりも、先に声をかけよう。

芸能人のすごさは、出る側の意識でボタンを叩《たた》いていることです。

テレビを見ている意識のまま出ると、遅いのです。

テレビを見ている人は、「あんなの簡単じゃん」と思っています。

必ず、テレビで誰かがボタンを叩いたあとに答えています。

クイズ番組で一番大切なのは、一番にボタンを押すことです。

挨拶は、ボタンを押すのと同じです。

相手に声をかけられる前に、声をかけます。

人数を増やす必要はありません。

今まで先に声をかけられていた人に、自分から声をかけるだけで変わってくるのです。

04

［挨拶10則 2］

挨拶は、声を出してする。

「ちゃんと挨拶をしています」と言う人のほとんどは、声が出ていません。

「心の中でしています」とか「小さい声で言っています」と言いますが、そんなものは挨拶に入らないのです。

相手が気づくような大きな声を出してするのが、挨拶です。

会話の苦手な人も、自分の中では会話が成立しているのです。

それは、相手に通じません。

会話も挨拶も、自己満足ではなく、相手に届くことが大切です。

会釈とか目礼では、届かないのです。

今日、自分からした挨拶の中で、声を出した挨拶に○をつけてもらうと、ノートに書いた○の数はもっと減って、ほぼ消えてしまいます。

会話も、同じです。

まず、声に出すことです。


声に出すといっても、ただ「ワー」っと言っただけでは伝わりません。

横を向いたまま目線をはずして「おはようございます」と言っても、相手は誰にされているのかわかりません。

本人の中では、声を出したつもりです。

挨拶や会話には、必ず方向性があります。

声を出すと同時に、**正対して、相手の目をちゃんと見て挨拶することが大切なのです。**

チャンスをつかむ話し方 04

会釈で、ごまかさない。

05

［挨拶10則 3 ］

挨拶は、離れたところからする。

挨拶の苦手な人は、近くに寄ってから声をかけようとします。

「遠くから声をかけると、みんなに見られて恥ずかしい」と言うのです。

会話は、「恥ずかしい」と思った瞬間、アウトです。

見られたからといって、別にどうということはないのです。

挨拶の上手な人は、離れたところから挨拶します。

一流のサービスマンや流行《はや》っている食べ物屋さんは、遠くからでもちゃんと気づいてくれます。

流行らない飲食店は、近くにいて目が合っているのに、気づきません。

「今、目をそらしたよね」ということになるのです。

「**遠くから」の基準は、最低5メートルです。**

挨拶のできない人は、ほぼ相手の肩越しで声をかけます。

これは、気持ち悪い上司のパターンです。

「何読んでるの」と、いきなり肩越しで声をかけるのです。

声をかけられた人は、ドキッとします。

映画の悪役の登場シーンと、同じです。

主人公は、必ず遠くから声をかけます。

ブラッド・ピットもジョージ・クルーニーも、カウンターの向こう端から、ニッコリ笑って声をかけるのです。

最低5メートルなので、**10メートル先でも、20メートル先でも、廊下の端からでも声をかけることが大切なのです。**

チャンスをつかむ話し方

05

5メートル離れたところから、挨拶しよう。

06

［挨拶10則 4］

挨拶は、気づいていない人にもする。

何か作業をしていたり、ほかの人と話していたりして、相手が自分に気づいていない状況があります。

そういう人にも、挨拶をします。

挨拶のできない人は、いい人です。

「相手の邪魔をしてはいけない」と思っているのです。

「話しているから」「仕事しているから」という口実が、挨拶をどんどん省略していく形になります。

結果として、話せなくなるのです。

岩本君は、ビジネスホテルのフロントで働いています。

不思議と、空きがラスト1部屋の時に、必ず2人同時にお客様が来るそうです。

どちらに、残り1部屋を渡すかを決めるポイントがあります。

ビジネスホテルなので、お客様は、ほぼ常連さんです。

その時は、いつも挨拶している人に、残り1部屋を渡します。

挨拶といっても、ホテルに来た時の挨拶だけではありません。

ホテルから外へ出る時に、フロントの前を通ります。

フロントの人は、いつも電話や作業をしています。

電話中に「行ってきます」と声をかける人と、黙って行く人とがいます。

作業をしながらでも、よくわかります。

ここで感じのいい・悪いの差がつくのです。

ほとんどの人が、挨拶を会話の外に置いています。

会話にはある長さがあって、「行ってきます」などの挨拶は文字数が少なすぎて、会話のうちに入らないと思っているのです。

ところが、残り1部屋が手に入るか、路頭に迷うかの境目が挨拶なのです。

「挨拶はホテルマンがすることであって、自分はお金を払っているお客様だから、挨拶はしなくていい」という解釈は間違いです。

会話は、誰が上で誰が下かということは、いっさい関係ない世界です。相手が仕事中でも、誰かと話している時でも、挨拶をします。

「集中して電卓を叩いているのに、声をかけないで」と怒られた時は、声のかけ方に気をつければいいのです。

ここで、会話の微妙な呼吸を覚えていきます。

仕事中に声をかけないと決めてしまうと、この呼吸は覚えられません。

呼吸を覚えるスタートラインが、挨拶です。

野球で言えば、キャッチボールです。

キャッチボールのできない人は、どんなに難しい練習をしても、野球はうまくならないのです。

チャンスをつかむ話し方

06 相手が作業中でも、挨拶しよう。

07

［挨拶10則 5］

挨拶は、苦手な人にもする。

好きな人には挨拶できるのに、苦手な人には挨拶できない人がいます。

一方で、好きな人にも苦手な人にも挨拶できない人がいます。

好きな人には、緊張して声をかけられないのです。

結局、真ん中あたりの好きでも苦手でもない人にしか挨拶できなくなります。


挨拶が得意な人は、好きでドキドキする人にも挨拶できるし、なおかつ、会社の中で誰もが恐れている怖い人にも挨拶できます。

これができたら、会話もできるようになります。

怖い人は、たいてい偉い人です。

部下で怖い人は、あまりいません。

向こうから上司の偉い人がやって来た時に、挨拶が苦手で、つい横道へ逃げることがあります。

そうこうしているうちに、会議が始まると挨拶ができなくなります。

心の中には、うしろめたさだけが残ります。

「あの人に挨拶しなくて怒っていないかな。しまったな」→「なんとなく顔が怒っているよね」→「明らかに怒っている」→「やっぱり挨拶しとけばよかった」という負のスパイラルへ入っていくのです。

苦手な人だから、挨拶できないのではありません。

挨拶しないから、よけい苦手な人になるのです。

挨拶することで、1つのとびらが開いて、相手との絆《きずな》が生まれます。

挨拶を最初にしておくことで、その場の緊張感が一気になくなるのです。

チャンスをつかむ話し方 07

挨拶することで、苦手を克服しよう。

08

［挨拶10則 6］

挨拶は、返事をしない人にもする。

「あの人は挨拶しても返事をしない」と怒っている人がいます。
挨拶で大切なのは、返事を求めないことです。
返事があるから、挨拶するのではありません。
返事がなくても、挨拶するのです。
これができると、会話力がついてきます。

会話で一番しんどいのは、話しかけているのに相手が答えてくれないことです。
自分の望む答えは、ノリノリで「なになになに？」と聞いてくれることです。
実際は、相手が忙しかったり、その話に興味がなかったりで、微妙な返事が返ってくることがあるのです。

挨拶も、同じです。

相手がシャイで、返事ができないこともあります。

ウレしいのですが、びっくりして返事のタイミングを逸することもあります。

あらゆる状況を想定して、**「返事がない」イコール「嫌われている」と解釈しないようにします。**

「嫌われている」と思った時点で、挨拶も会話もできなくなります。

最初から「返事があったらラッキー」「返事がないのが当たり前」というところから始めます。

「挨拶しても返事をしてくれない」という理由で挨拶しなくなると、挨拶の量は減っていきます。

結局、挨拶ができない、会話力のない人になってしまうのです。

チャンスをつかむ話し方 08 返事を、求めない。

09

［挨拶10則 7］

挨拶は、知らない相手にもする。

「知らない人に挨拶するなんて、ありえない。なんで知らない人にまで挨拶しなければいけないの」と言う人がいます。

マンションの管理人さんとか会社の守衛さんは、まだ知っている範囲内です。

「知らない人」という枠をつくり始めると、自分の知っている幅がどんどん狭まっていきます。

たとえば、守衛さんが風邪で休んで、かわりの人が来ます。

その人は、「知らない人」です。

「知らない人」は、自分の世界を広げるか狭めるかの境目にいる人です。

はるかかなたの宇宙人を「知らない人」と言っているわけではありません。

いつも来る宅配便のお兄さんが、新しい担当にかわります。

新しい人を「知らない人」のカテゴリーに入れた時点で、永遠に「知らない人」になります。

それでは、自分の知り合いは増えていきません。

職場では、異動があります。

「知らない人」イコール「怪しい人」になると、自分の世界がどんどん狭まっていきます。

自分が相手を「知らない人」のカテゴリーに入れると、相手からも「知らない人」のカテゴリーに入れられます。

「知らない人とは口をきいてはいけません」という流れになると、どんどん無口になっていくのです。


関西人は、会話が得意です。

それは、圧倒的に初対面の人に強いからです。

関西人にとって、「知らない人」はいません。

話しかけた時点から、「知っている人」なのです。

あるパーティーで、デーブ・スペクターさんに「向こうにすごい美人がいますから、紹介しますよ」と言われて、ついていきました。

「どうもこんにちは。こちらは中谷さん。あなた誰？」

「エッ、知らなかったの」

というやりとりがありました。

たしかに「紹介しよう」と言ったのに、自分も知らないのです。

もちろん、パーティーでは、これはＯＫです。

デーブさんは、さすが気配りの達人です。

この時点で、「知らない人」が「知っている人」になります。

パーティーでの出会いは、前からの知り合いではなく、今ココで会った人を紹介していくことで広がるのです。

知らない人に挨拶しない時点で、出会いを失います。

世の中は、「知っている人」と「知らない人」とでは、圧倒的に「知らない人」の比率が大きいのです。

たとえば、食べ物屋さんに初めてのお客様が入ってきます。

当然、知らない人です。

知らない人には挨拶をしないとなると、「いらっしゃいませ」が言えなくなります。

知らない人に緊張を解いてもらうために、また、自分の緊張を解くためにするのが、挨拶です。

本来は、知らない人ほど挨拶しなければならないのです。

チャンスをつかむ話し方

09 知らない人とも、話そう。

10

［挨拶10則 8］

挨拶は、すれ違いざまでもする。

すれ違う人は、二度と会わない可能性があります。

知らない人より、もっとすごい関係です。

すれ違いざまの会話こそが、大切です。

会話は、目的があるとイヤらしくなります。

「この人と話したほうが利益になる」「誰かを紹介してもらえる」「いいことがある」ということを期待した会話は、下心が相手にバレて、印象を悪くします。

そもそも、会話の中に利害を持ち込んではいけないのです。

つい利害を持ち込んでしまうのは、意識して、嫌われないように、得になるようにしようと考えるからです。

すれ違いざまの挨拶ができない人は、短い会話が苦手です。

たった1秒でも、会話はできます。

「こんにちは」も「どうもありがとうございます」も、1秒です。

1秒の会話をしているかどうかで、大きな差になるのです。


山登りをしている人は、知らない人同士で「こんにちは」と挨拶します。

山登りは疲れます。

挨拶のメリットは、「こんにちは」と言うことで元気が出ることです。

「知らない人と話して、ややこしいことになりたくない」と思って返事をしないと、疲れがたまっていきます。

「こんにちは」に「こんにちは」で返すと、両方が元気になります。

黙っている人間に、みんなの疲れがたまっていくことになるのです。

山登りでは、必ず下りの人から「こんにちは」と言います。

下りの人は、頂上に登ってテンションが上がっているので、とてつもなくいい人になっています。
登りの人はまだ頂上に行っていないので、テンションが上がりきっていません。すれ違いざまの挨拶で、テンションの高い人からテンションとエネルギーを受け取れるのです。

会話は、ただの情報のやりとりではありません。
会話は、エネルギーのやりとりです。
会話の量が増えれば増えるほど、受け取れるエネルギーが大きくなるのです。

チャンスをつかむ話し方
10 1秒でも、話そう。

11

［挨拶10則 9］

挨拶は、動植物・自然・無生物にもする。

犬の散歩をしている人に対しては、まず、犬に挨拶します。
すると、自動的に飼主さんと仲よくなれます。
たとえば、毎朝、犬の散歩をしている感じのいい人がいます。
その人にいきなり挨拶すると、警戒されます。
ところが、犬に挨拶すると警戒されません。
子ども→犬→植物の順番で、挨拶できるようになることが大切です。
桜の木は、たいてい門の外にはみ出すように咲いています。
外を通る人にも、見てもらうためです。
「きれいに咲いたね」という声かけは、桜の木にしています。

野菜や稲をつくる時も、花瓶の花に水をやる時も、常に話しかけながらするほうがよく育つのです。


自然には、見えるものと見えないものとがあります。

新幹線の中から、富士山が見えます。

声をかけるというより、もはや「ウワー」でいいのです。

それでも富士山には、ちゃんと聞こえています。

新幹線のグリーン車には、A・B・C・Dの4つの席があります。

混むのは、富士山側のD席です。

誰かが「きれい」と言うと、パッと窓を見て「オー」と言います。

これも、挨拶です。

見えない風に対しても、「キンモクセイのにおいがする」という独り言が挨拶になります。

風は、ちゃんと聞いています。

自然にまで挨拶できるようになると、人間との会話もできるようになるのです。

空手部は、道場に入る時に「失礼します」と言って入ります。

道場の神様に、挨拶しているのです。

場所に、挨拶をすることが大切です。

教室に入る時、講演会場に入る時、仕事でお得意先の会議室に入る時も、その場に対して「失礼します」と言って入っていきます。

ブティックで、「拝見します」「失礼します」「こんにちは」と言って入る人と、黙ってヌッと入る人とがいます。

ヌッと入ってくる人は、お店の人からすると怖いのです。

自分でお店をやると、「お店って、こんなに怖いものなのか」と思います。

知らない人が、自分のところに次々と入ってくるのです。

その時に一番安心させてくれるのが、挨拶です。

挨拶して入ってくる人は、お客様です。

ヌッと入ってくる人は、エイリアンのような怖い存在です。

会話の基本は、挨拶です。

チャンスをつかむ話し方 11

無生物とも、話そう。

挨拶の基本は、無生物への声かけです。

京都の舞妓さんは、14歳でお仕込さんとして入り、15歳で舞妓さんになります。下働きの段階があるのです。

お仕込さんの間に、女紅場《にょこうば》でいろいろな芸ごとを習います。

置屋のお母さんに、徹底的に叩き込まれるのは、花街言葉の前に、挨拶です。

「1本1本の電信柱に挨拶しなさい」と言われます。

電信柱に挨拶しているつもりでも、人に当たるのです。

舞妓さんは、目が悪い子のほうが愛されます。

電信柱と人の区別がつかないので、知り合いだと思って、すべての電信柱に挨拶します。

そういう子のほうが、人気が出て売れるのです。

12

［挨拶10則 10 ］

挨拶は、笑顔でする。

ムッとした顔や無表情でする挨拶は、挨拶にはなりません。

「声を出しています」と言いますが、大切なのは表情です。

海外旅行で、その国の言葉を知らなくても、挨拶はできます。

何らかの声を出して、表情がついていれば、「今、この人は挨拶しているんだな」とわかるのです。

「自分はお金を持っているお客様だ」という意識でムッとしてお店に入ると、お店の側からすると怖いのです。

よく「タクシーの運転手さんがムッとしていたら、イヤだ」と言いますが、運転手さんのほうが、よっぽど怖がっています。

知らない人が、次から次へと乗ってくるのです。

無表情で、黙ってヌッと乗ってこられると、逃げ出したい気持ちになります。

運転手さんのほうが、ドキドキしています。

「感じの悪いタクシーの運転手さんに当たった」というのは、逆です。

「感じの悪いお客様に乗られちゃった」と思われているのです。

この負のスパイラルが起こり始めるのです。

タクシーには、ムッとした表情ではなく、笑顔で挨拶してから乗ることです。


自分では笑顔のつもりの人は、たくさんいます。

笑顔の筋肉は、顔の深いところにあります。

「つくり笑い」は、表面しか動いていない状態です。

顔の深いところの筋肉は笑っていないので、そのギャップで、よけい「あの人はつくり笑いで感じ悪いよね」ということになるのです。

割箸をくわえるだけでは、笑顔はできません。

笑顔をつくるのは、簡単です。

楽しそうな気分で、笑えばいいのです。

大切なのは、笑顔よりも、気分です。

気分が楽しくなると、顔は勝手に笑えます。

怒ったような顔をしていても、「本当は笑っているでしょう」「内心ウレしいのを噛《か》み殺しているでしょう」と言われます。

挨拶も会話も、楽しそうな顔ですることが大切なのです。

チャンスをつかむ話し方

12 楽しそうな顔で、話そう。

Chapter 2

「ひと言力」がある人が、うまくいく。

13

よけいなひと言を言う人が、チャンスをつかむ。

僕は会話力のない男性に、**「よけいなひと言を言おう」**とアドバイスしました。

会話力のない人は、必要最低限のことしか言わないのです。

そうすると、言葉数がどんどん減っていきます。

彼はコンビニでバイトしながら、税理士を目指して勉強しています。

コンビニは、無言でいようと思ったら、ほとんど無言でいられるところです。

お金の支払いと、「温めますか」という最低限の事務的なやりとりですむのです。

「無愛想だ」と叱られることもありません。

ところが、いざ税理士の資格を取って、税理士事務所の面接を受けようとすると、それでは通らないのです。

その時に練習しようと思っても、急にはできません。

「今からよけいなひと言を言う練習をしよう」と言うと、「よけいなひと言って

なんですか」と言われました。

よけいなひと言が、浮かばないのです。

苦手だからではありません。

今まで習慣的にやってこなかったから、なじんでいないのです。

一方、コンビニですら、話しかけてくるタイプの店員さんがいます。

焼芋を買った時に、「今日のはおいしいですよ」と言われました。

お芋は、けっこう当たりはずれがあります。

「この人、食べたんだな」と思って「今日のは当たりですか」と聞くと、「いや、

寒いから」と言うのです。

味見したお芋の質から来た話ではありません。

単に、「寒いからおいしいに違いない」と言っているだけです。

このやりとりが、ウレしいのです。

コンビニで2列あったら、この人の列へ並びたいです。
こういう、**よけいなひと言が言える人が、チャンスをつかみます。**
税理士事務所の面接にも通るのです。

よけいなひと言には、仕事の能力は関係ありません。
根拠もいりません。
その根拠のなさが、逆に面白いのです。
よけいなひと言は、習慣的に反復しているとできるようになります。
会話には、

① **簡潔にまとめられる**
② **よけいなひと言が言える**

という2通りの能力があります。
「温めますか」と言えているから、簡潔にまとめられていると思いがちです。
よけいなひと言を言える人が、要点を的確にまとめられる人になるのです。
これが、会話の能力です。

会話の苦手な人は、簡潔にも言えないし、よけいなひと言も言えないのです。

まずは、よけいなひと言を言う練習をします。

そうすれば、簡潔な表現もできるようになります。

そのためには、自分が言われたよけいなひと言を、まねしていくことです。

たとえば、コンビニの店員さんがおでんを取っている時に、独り言で「今日の大根はおいしそうだな」とか「今日は大根がよく売れるな」と言っています。

それで、お客様は買いたくなります。

たったひと言でいいのです。

自分の心情を声に出すことが、よけいなひと言です。

これが、相手に対する愛情表現になります。

よけいなひと言が、会話のスタートなのです。

チャンスをつかむ話し方 13

「今日は、おでんがおいしいですよ」という、よけいなひと言を足そう。

14

「よけいなひと言日記」をつける。

「よけいなひと言日記」をつけることで、自分のよけいなひと言がどれだけ少ないかに気づきます。

「よけいなひと言日記」には、まず、日付と誰になんと言ったかを書きます。名前がわからなくても、「おでんを買いに来たお客様」でいいのです。

「今日は大根が売れてますよ」「最後の1個です」というひと言は強いのです。

「それは買わねば」と思います。

実際は、売れても売れなくても、結果はいっさい関係ありません。

「次はこう言おう」ということを隣の欄に書きます。

会話の苦手な人は、その瞬間に言葉が出ないのです。

あとで振り返って、「あそこはああ言えばよかった」とクヨクヨします。

英会話と同じです。

外国人に道を聞かれた時に、「信号」の英単語が出てこないことがあります。

仕方がないから、「レッド、イエロー、グリーン」と言ったりします。

そういう時は、あとで必ず思い出します。

それを書きとめておくことで、次に言えるようになります。

「今日はこう言ったけど、こう言ったほうがもっとよかった」ということを思いついたら、書いておきます。

「今日はこれがラス1です」とか「在庫はなかったな」と言うと、もっと売れる可能性があるのです。

そうすることで、ボキャブラリーがどんどん増えていきます。

会話の苦手な人は、よけいなボキャブラリーがないのです。

「温めますか」も、ボキャブラリーの1つです。

それに逃げないで、バリエーションをどんどんつけていくのです。

自分では、人並みに会話しているつもりでも、よけいなひと言を言っている人と言っていない人では、圧倒的に差がつきます。

大阪の人は、99％がよけいなひと言です。

コンビニにしても、東京とはまったく違います。

お客様も、よけいなひと言を言ってきます。

「温めますか」

「何分かかります？」

「3分半です」

「じゃ、あっちで牛乳買うてくるわ。ここで買わないでゴメンね。向こうで安いのを売っていたから」

というやりとりが発生するのです。

そのやりとりが、会話力なのです。

14 今日話した、よけいなひと言を、書きとめておこう。

15

地下鉄の中で、スマホを見ている人より、しゃべっている人が、うまくいく。

僕は毎月、中谷塾大阪校のために大阪へ行っています。
大阪の地下鉄に乗った瞬間に、圧倒的にカルチャーショックを受けます。
スマホを見ている人が、いないのです。
東京の地下鉄は、9割がスマホ、1割がｉＰｏｄです。
大阪の地下鉄は、8割がしゃべっていて、2割が本を読んでいます。
本も、しゃべるネタ集めに読んでいるのです。
1人で乗っている人も、中吊り広告を見ながら、独り言を言っています。
隣の人が、それに対してツッコミを入れてきます。
2人でしゃべっているところに、別の1人が入ってきたりします。

これが、大阪の会話文化です。

アイデアは、会話から生まれます。
スマホを見るより、話すことです。

これからは、大阪から新しいアイデアがどんどん生まれてきます。
100年後には、首都が大阪になっている可能性もあるのです。
スマホ・iPodに逃げると、会話をしなくてすみます。
東京では、iPodは「話しかけないでね」という意味です。
大阪は、iPodで音楽を聞いている人にも平気で話しかけてきます。
この会話力が、大阪のパワーの源です。
「1人だから話せない」と言う人は、一度大阪に留学してくるといいのです。

チャンスをつかむ話し方

15 スマホのかわりに、話そう。

16 「いただきます」「ごちそうさま」を言う人が、うまくいく。

僕が子どもの時に母親から教えられたのは、「いただきます」「ごちそうさま」を言いなさいということでした。

「いただきます」「ごちそうさま」は、マナーというより、会話です。

「今、これから一緒にごはんを食べますよ」ということです。

独り言として言うのではありません。

1人でお店にごはんを食べに行った時も、「いただきます」と言う人と言わない人とがいます。

「孤独のグルメ」の井之頭五郎は、いつも「いただきます」と言いながら食べています。

お店のご主人は、それを聞いて、「この人、感じいい」と思うのです。

「いただきます」は、料理をつくってくれた人に対する敬意として言います。

相手に聞こえようが聞こえまいが、言わなければならない言葉です。

「誰も聞いていないだろう」と思って、つい黙って食べてしまいがちです。

どんな小さな声でも、聞こえようがないというところでも、お店の人は必ず聞いています。

これが、客商売をしていた僕の親からの家訓です。

「いただきます」「ごちそうさま」が言えたら、一生モテます。

僕は小学生の時から「将来、彼女が料理をつくってくれたら、必ず『いただきます』『ごちそうさま』と言いなさい。そしたらモテるから」と教えられました。

会話の苦手な人は、「そんなことぐらい誰でも言える」と、もっとテクニカルなことを教えてもらいたがります。

でも、「言える」と「言っている」とでは、まったく違います。

チャンスをつかむ話し方 16

「いただきます」「ごちそうさま」を言おう。

「いただきます」「ごちそうさま」は、道徳論ではなく、会話です。

「無愛想」と言われる人は、「いただきます」「ごちそうさま」がないのです。

1日3食で、少なくとも1日3回ずつ「いただきます」「ごちそうさま」を言う機会があります。

得意先に行って紅茶を出された時に「いただきます」と言って、帰る時に「ごちそうさま」と言います。

スタバでも、言っている人は言っているし、言っていない人は言っていないのです。

言わなくても、一見、なんの差しさわりもありません。

ただその人は、会話力がなくなっていきます。

「こんな簡単なこと」と言われる一番の基本ラインが、「いただきます」「ごちそうさま」なのです。

17

「おはよう」「おやすみなさい」を言う人が、うまくいく。

「おはよう」「おやすみなさい」を言うのは、仲よしの間柄です。

知らない人には、あまり言いません。

結婚すると、だんだん「おはよう」「おやすみなさい」がなくなります。

恋人から夫婦、夫婦から家族、家族から同居人になっていくのです。

「おはよう」「おやすみなさい」を言っている間は、まだ家族です。

家庭で会話があるかのポイントが、「おはよう」「おやすみなさい」なのです。

距離の近い人に対して、「おはよう」「おやすみなさい」が言えるかどうかです。

もう1つは、**「おはよう」「おやすみなさい」**を、**家族でない人にどれだけ言え**

るかです。

ホテルに泊まった時に、部屋に戻る前には、レストランの人に「おやすみなさい」と言います。

夜遅くまでいるマンションの管理人さんに、遅く帰ってきた時に「おやすみなさい」と言います。

礼儀正しい人は、会話力のある人です。

エレベーターで、同じマンションの人と一緒になることがあります。

先に降りる時に「おやすみなさい」と言われると、「いいところの人」という感じがします。

「おはよう」「おやすみなさい」は、簡単な言葉です。

「グッド・モーニング」「グッド・ナイト」のように、英会話の1ページ目に出てくるような言葉で差がつくのです。

チャンスをつかむ話し方 17

「おはよう」「おやすみなさい」を言おう。

18

家族の会話が多い人は、会話力がアップする。

「おはよう」「おやすみなさい」、「いただきます」「ごちそうさま」、「行ってきます」「行ってらっしゃい」、「ただいま」「おかえりなさい」は、８つの基本ワードです。

これがある家は、家族の会話があるのです。

今は、会話の多い家と少ない家の２通りに分かれています。

一緒にいる時間の長さは、まったく関係ありません。

ハッピーな家は会話が多く、ハッピーでない家は会話が少ないのです。

会話力は、家庭内での会話で決まります。

会話の多い家で育った子どもは、会話力がついてきます。

会話力は、伝染します。

親が話さないと、子どもも話さなくなるのです。


僕に会話力がついたのは、わが家がしゃべりまくりだったからです。

食卓には、テレビがついていませんでした。

テレビを見ているヒマがないぐらい、しゃべっているのです。

食卓にテレビが必要なのは、会話がなくて間がもたないからです。

テレビを見ている時ですら、さんまさんよりわが家のほうが圧倒的にしゃべっていました。

さんまさんの1つのしゃべりに対して、家の中が1つのひな壇状になって、会話のラリーが展開します。

クイズ番組でも、さんざん答えています。

しかも、正解を言っているのではありません。

「ほら、あれ、なんやったっけ」「ここまで出ている。ほれ、あれ」「あれでしょう、あれでしょう」しか言っていません。
それを声に出している時点で、家庭内の会話が多いのです。
これで、子どもの国語の能力がついてきます。
国語の能力がつくと、数学や英語など、ほかの教科もすべてできるようになるのです。

今は、テレビが各部屋にあります。
各人が、スマホやパソコンに向かっています。
家族がバラバラのことをしていても、それはそれでいいのです。
家族の中での会話の量の多いことが、一番大切なのです。

チャンスをつかむ話し方 18

家族と、話そう。

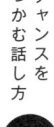

19

会話力のある人が、採用される。

就職の面接で、見られているのは会話力です。
学校で何を勉強したかは、あまり関係ありません。
仕事で使える能力は、会社で仕込めばいいのです。
その時に、会話力がなければ仕込めません。

会話力のない人は、一緒に働きたいと思われなくなります。
話が通じないからです。
なかなか就職できなくて、人づき合いも苦手な人がいます。
人づき合いが苦手なのではなく、会話が苦手なのです。

会話ができれば、人づき合いもできるようになります。

人づき合いの苦手な人が就職するための研修に、呼ばれたことがあります。

企業の人と働きたい人のマッチングの会です。

僕が「何か質問ある？」と聞くと、1人が手を挙げて、「先生はこの会を何で知ったんですか」と言うのです。

意味がわかりません。

でも、そのレベルなのです。

僕は、仕事の依頼を受けて研修に来ています。

聞かなければいけないところは、「どうしたら面接に通るか」とか「面接官にどう話しかければいいか」ということです。

とんちんかんな質問で、会話にならないのです。

これも本人のせいではなく、家族の責任です。

親が会話をしないと、子どもも会話をしなくなります。

だんなさんが、会話をしない家もあります。

「奥さんは私よりしゃべっています」と言いますが、それは会話になっていません。

奥さんが、独演会をやっているだけです。

だんなさんには、よけいストレスがかかります。

会話は、キャッチボールです。

家庭内で、みんなでボールをまわし合います。

もちろん、友だち同士でも、職場でも、みんなでボールをまわし合うのです。

これが、会話力をアップさせる一番大切なポイントです。

会話力をつけることで、試験にも通るし、会社で出世もするのです。

チャンスをつかむ話し方

19 「会話のキャッチボール」をしよう。

20

「大ほめ」より、「チョイほめ」が喜ばれる。

会話で一番相手のテンションが上がるのは、ほめることです。

これが、なかなか難しいのです。

一流ホテルの外国人の総支配人は、通りすがりで会うスタッフ全員をほめています。

ふだんからやっているので、ボキャブラリーも豊富です。

ひとネタでなくならないように、1回に小さくほめています。

毎日毎日、ほめるネタができるのです。

ほめるのが苦手な人は、ざっくり大きくほめます。

大きくほめると、次にほめるところがなくなります。

ほめるコツは、「チョイほめ」です。

「大ほめ」は、おせじ感があります。

チョイほめは、逆にリアルでウレしいのです。

たとえば、40歳の人は「35～36」と言われたほうがリアルです。

「女子高生に見えるね」と言うと、「バカにしているの」と言われます。

米團治《よねだんじ》師匠の独演会で、森口博子さんが楽屋にお母さんを連れてきました。

「うちの母はもう75歳なんです」「いやあ、74歳にしか見えない」と言うのは、チョイほめです。

チョイほめになると、ほめやすくなります。

実際に、塾の先生にこれを教えました。

毎日チョイほめすると、子どもたちの顔が明るくなって、学力も伸びたのです。

「ほめましょう」と言うと、つい100点をほめようとしがちです。

100点は、なかなか出ません。

前と同じ35点でも、空白のある35点と全部埋めた35点とでは大きく違います。

「埋めた35点は可能性がある」とほめられたら、頑張る気持ちが湧いてきます。

手を挙げて間違っても、手を挙げたところをチョイほめします。

むしろ、正解で手を挙げるよりも偉いのです。

「手の挙げ方が速かった」「ヒジが伸びている」「前までは3列目だったのに、今日は2列目に座っている」とか、日々、いろいろなチョイほめができるのです。

チャンスをつかむ話し方 20

「チョイほめ」しよう。

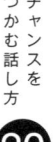

21

お決まりのほめ合いでは、仲よくなれない。

定番のありきたりなほめ方をすると、女子会トークになります。

ほめて謙遜、ほめて謙遜、「あなたこそ」というやりとりは、一番かったるいのです。

ＮＨＫの「１００分 de 名著」という番組があります。

司会は、伊集院光さんと女性キャスターです。

ある時、女性の講師と女性キャスターがほめ合いになったことがありました。

伊集院さんは、「女子会が始まっちゃったぞ」とツッコみました。

これは、伊集院さんの優しさです。

テレビを見ている人にとっては、出演者同士のほめ合いは、かったるいやりとりです。

通常はカットになります。

伊集院さんが「女子会が始まったぞ」と、テレビを見ている人たちの気持ちをズバッと代弁することによって、2人が笑って終われる場になったのです。

定番のありきたりなほめ合いをすると、20代同士でもオバサンに見えます。

男性なら、オヤジのゴマすりトークです。

お決まりのほめ合いと謙遜し合いでは、仲よくなれないのです。

チャンスをつかむ話し方

21 ありきたりなほめ方をしない。

22
独り言で、トークのキッカケができる。

初対面で、話しかけるキッカケは難しいのです。
いきなり話しかける勇気のある人は、そもそも会話力のある人です。
僕も、知らない人に話しかけるのは苦手です。
僕の両親は、会話のタイプが違います。
母親は、知らない人に話しかけるのが大得意です。
タクシーの運転手さんの肩を叩《たた》いてしゃべっています。
知らない人とも、道で1時間しゃべっています。
父親は、知らない人に話しかけるのが苦手なタイプです。
そのかわり、話しかけられたら、話をつなげるのが得意です。

僕は、父親型です。

僕の母親は、どちらかというと、両方をハイブリッドで持っているタイプです。

だから、話が長くなるのです。


初対面の人に話しかけるのが苦手な人に、とっておきな技が「独り言」です。

立食パーティーで「おっ、これは意外においしいな」と言うと、隣の人が「それ、おいしかったですか」と入りやすいのです。

セミナーの会場で、「先生とずいぶん距離が近いな」と、独り言を言います。

今、心の中で思っていることを声に出すのです。

そうすると、隣にいた人が「そうですね」と入ってきます。

隣の人が独り言を言ったら、それは「入ってきてね」というサインです。

ここが、入っていけるチャンスです。

自分が独り言を言うか、相手の独り言に入っていくかです。

ダイレクトに向き合った状態で、「どうも初めまして。初めてなんですけど、よく来られるんですか」というやりとりよりも、もっとナチュラルに入っていけます。

「初めまして」という挨拶は、なかなか勇気がいります。

相手が会話の苦手なタイプなら、向かい合った会話は、できたとしてもお決まりのやりとりになります。

勇気がなくてもナチュラルに会話するには、平行した状態でやりとりする形にすればいいのです。

チャンスをつかむ話し方

22

隣の人の独り言に、ツッコもう。

23 来た時と、帰る時に、チョイ会話をしよう。

会話というと、どうしても「1人が10本話して、もう1人が10本話す」という長いラリーを想像します。

そんな長いやりとりを最初から考えると、話が続かなくなります。

最初から続く必要は、まったくありません。

会話は、続けようとするのではなく、結果として続くものです。

キッカケは、「チョイ会話」です。

たとえば、セミナーが終わって帰る時に、

「雨、上がったみたいですね」

「言ってもらってよかった。完全に傘を忘れるところだった」

というやりとりがあります。

これが、「チョイ会話」です。

そのあとの会話がどう続くかは、まったく関係ありません。

チョイ会話の積み重ねが、長い会話になっていきます。


初めから長い会話をしようとするのは、ムリがあります。

会話は、どこへ転がっていくかわからないのです。

来た時と帰る時、休み時間のチョイ会話は、初対面の人が多いパーティーとか勉強会などで使えます。

「雨、上がったな」というのは、独り言と会話の中間です。

独り言を「1」、会話を「2」とすると、「1・5」のチョイ会話ができることが大切なのです。

チャンスをつかむ話し方 23

「雨、上がったみたいですね」とつぶやこう。

Chapter 3

会話力のある人は、言葉よりメッセージを受け取る。

24

間接表現に、気づく。

会話で大切なのは、言葉よりもメッセージを受け取ることです。

会話力のない人は、まじめで優等生なので、間接表現がわからないのです。


ある店で、カップルがごはんを食べていました。

テーブルには、料理が山盛りにのっています。

彼は、スマホを横に置いて、斜めの体勢でずっとスマホを見ていました。

彼女が「そんな体勢で、よくスマホが見れるね」と言うと、彼は「平気」と言ったのです。

これは、言葉が通じていません。

彼女が言いたいのは、「一緒にごはん食べているんだから、スマホをやめたら」ということです。

それなのに、彼は言葉どおりに「アクロバティックな体勢がすごいね。大丈夫?」と受け取ったのです。

このカップルに、次のデートはありません。

原因はスマホを見ていたからではなく、「こいつは言葉が通じないから、会話ができない」と思われたからです。

男性も女性も、モテない人は、まじめな人が多いのです。

まじめな人は、言葉を言葉どおりに受け取ります。

会話力のある人は、言葉の下に隠れているメッセージを受け取れるのです。

チャンスをつかむ話し方 24

「そんな体勢でよくスマホ見れるね」で、気づこう。

25

「トイレ、大丈夫？」に、「大丈夫」では、通じていない。

ドライブデートでパーキングエリアが近づいた時に、彼女が「トイレ、大丈夫？」と言いました。

彼は「大丈夫」と答えて、パーキングエリアを過ぎていきました。

これは、ヤバいです。

会話が、成り立っていないのです。

女性からは、ブーイングです。

「トイレに行きたい」と言うのは恥ずかしいから、「トイレ、大丈夫？」と聞いているのです。

「トイレに行かない？」というのが、隠れたメッセージです。

これでは、次のパーキングエリアまでもちません。

言いにくい時には、間接表現が使われます。

それを、常に意識することです。

「それならそうと言ってくれればいいじゃない」ということではないのです。

「トイレ、大丈夫?」に「トイレに行きたいの? わかった。行こう」と返すのもNGです。

「行っとこうかな。ちょうど行きたくなってきた」というのが、正しいキャッチボールです。

それで女性も、「じゃ、私も行こう」という展開になります。

「ということは、君はトイレに行きたいんだね」と言う男性に、次のデートはないのです。

チャンスをつかむ話し方 25

相手が言いにくいことがあることを、知ろう。

26

せきも、会話だと気づく。

せきは、究極のメッセージです。


上司の悪口を言って盛り上がっている時に、当の上司がやって来ます。

仲間が、「ゴホン」とせきをします。

会話力のない人は、それに気づかないで、ますます悪口を言い続けます。

仲間が振った話だったのに、言い出した本人が黙り込んで、ノッていた自分が上司から嫌われるというコントのような展開になるのです。

ここでのポイントは、せきをしてくれたことです。

せきは、「上司が来たから、この話は中止」という意味です。

それに、即、気づくことです。

たとえば、トイレの個室にいる時に、人が近づいたら中からせき払いをします。

それなのにノックをするのは、おかしいのです。

お寺では、「中にいる」ことをせきでやりとりするという伝統があります。

せき払いをしたり、わざと水を流しているのに、ノックする人がいます。

返事をしなかったら、ますますゴンゴンゴン、ガチャガチャガチャやるのです。

うっかり、カギがあいてしまいそうになります。

会話力のない人は、センサーがないのです。

せきをしたり、水を流したり、トイレットペーパーをカラカラ鳴らすのは、すべてメッセージです。

言葉しか受け取らなくなると、「入っています」と言うまで、とびらを叩《たた》き続けることになるのです。

チャンスをつかむ話し方

26

せきに含まれたメッセージを、受け取ろう。

27

「ラーメンでいいよ」でラーメン屋さんに行く人は、嫌われる。

「晩ごはんは何を食べたい？」と聞いた時に、女性が「あなたと一緒だったらラーメンでもいいわ」と答えました。

ここでラーメン屋さんに連れて行く男性は、意味がわかっていません。

「エッ、ラーメンなの？」「ラーメンでもいいって言ったじゃん」ということになります。

相手の言葉だけを受け取って、メッセージを受け取っていないのです。

「ラーメンでいいよ」でラーメン屋さんに連れて行く人は、嫌われます。

「ラーメンでもいいわ」と言われて、本当にラーメンに連れて行ってどうするのということです。
「ラーメンでもいい」と言う時点で、この会話にはメッセージがあります。
この場合は、少しオシャレなところに連れて行きます。
これが、会話力があるということです。
「ひっかけですか」と、怒ってはいけないのです。

チャンスをつかむ話し方

27 言葉よりも、メッセージを受け取ろう。

28

言葉より、表情を見る。

塾の先生が子どもたちと話す時は、声を聞くより、表情を見ます。
表情は、目に出ます。
子どもたちが「わかった」と言うのは、あまり意味がありません。
間違って理解していても、本人は「わかった」と言うのです。
上司が「わかったか」と言うと、部下は「わかりました」と答えます。
本当にわかっているのかどうかは、言葉だけではわかりません。
そういう時は、**言葉より、相手の目を見ます。**
ウソをついてわかったふりをしていることは、表情を見ると明らかです。

言葉は音符で、表情は弾き方であり、音色です。

弾き方と音色は、人によって違います。

同じベートーベンでも、演奏する人や指揮者によってまったく違うのです。

同じ言葉でも、表情、話し方によって、意味が変わってくるのです。

これを、感じ取ることが大切です。

「わかりましたか」「ほかに何かありますか」と言うよりも、相手の目を見ることで、その人にまだ不安が残っているかどうかがわかります。

結局、会話力は気づく力です。

常日ごろ、「まだ何か不安が残っているな」と気づける力が会話力です。

言わないほうが悪いのではなく、言いにくい空気をつくっていること自体、会話を失敗しているのです。

会話力は、相手が話しやすい空気をつくることなのです。

チャンスをつかむ話し方
28
目で、会話しよう。

29

会話力をつけると、気づく力がついてくる。

会話の中には、気づき・思いやり・愛情という微妙なセンサーがあります。テレパシーの部分が、たくさんあるのです。

人間がほかの動物から進化したのは、会話力があったからです。

言葉があっても、会話ができないと進化はできません。

イルカは、明らかに会話しています。

イルカが高度な動物と言われるのは、そのためです。

会話力をつけることで、気づく力がついてきます。

気づく力がつくことで、会話力がさらについてくるという正のスパイラルに入るのです。

人の気持ちがわかる、思いやりがある、優しいというのは、すべて会話力から来ています。

会話力がついてくると、ますます優しくなります。

優しくするから、ますます会話力がついてくるのです。

「トイレ、大丈夫？」と聞かれた時に「大丈夫」と答える人は、言葉を文字どおりに受け取るだけです。

こういう人は、気づく力がなくて、とんちんかんな解釈をします。

気づかないと、ますます会話力がなくなる負のスパイラルに入っていくのです。

これでは、本来は優しい人間なのに、「優しくない」という解釈をされます。

会話力をつけることで、優しさと気づく力が身につきます。

負のスパイラルから正のスパイラルに行く、唯一の抜け道なのです。

チャンスをつかむ話し方

29 会話で、気づこう。

Chapter 4

聞き手のひと言で、話し手のテンションを上げる。

30 話のどこを広げるか、間違わない。

会話で食いつくところを間違うと、話し手は話しにくくなります。

「昔々、あるところにおじいさんとおばあさんが住んでいました」

「おじいさんって、いくつぐらい？」

そのあとは、おばあさんの話で、おじいさんはあまり活躍する場所がないのです。

ここでおじいさんに食いつかれたら、めんどくさくてしようがありません。

「おばあさんが川に洗濯に行くと、川の上流から大きな桃がドンブラコ、ドンブラコと流れてきました」

「おじいさんはどうなったの？」

よっぽどおじいさんが気になるのです。
「柴刈《しばか》りで食べていけるかな」
そこは、広げてほしいところではありません。

会話力のない人は、話し手が広げたい核心と違うところ、違うところへツッコんでいきます。

肝心なところを聞いていません。
こういう人は、会話がかみ合わない、絡みにくい人になるのです。

チャンスをつかむ話し方 30

広げてほしいところを、つかもう。

31

「昔々あるところに」で、「待ってました」の合いの手を入れる。

会話力のない人は、合いの手を入れるタイミングが遅いのです。

最後まで聞いてから、入れようと思っているからです。

合いの手は、早押しです。

「昔々、あるところにおじいさんとおばあさんが住んでいました」

遅い人は、ここでまだ合いの手を入れません。

事件が、起こっていないからです。

合いの手がどれだけ早いかで、その人の会話力がわかります。

「おじいさんは山へ柴刈りに、おばあさんは川へ洗濯に行きました。おばあさんが川で洗濯していると、川の上流から大きな桃がドンブラコ、ドンブラコと流れてきました。おばあさんは、その大きな桃を家に持って帰って、おじいさんと桃を割ろうとしたら、大きな男の子が出てきました」

会話力のない人は、ここまで来てようやく、「エーッ」と合いの手を入れます。

これでは、遅すぎます。

会話力のある人は、「昔々、あるところに」で、「待ってました」と合いの手を入れます。

「これは面白い話を始めたな。何があった？　さあ、何があった？」と、ワクワクしているのです。

演芸場の落語家の演目は、お客様に事前告知がありません。

なんの話をするかは、わからないのです。

来ている人はみんな常連さんなので、古典落語は頭にびっしり入っています。

落語の前の枕が、本題の予感になっています。

たとえば、「だいぶ寒くなってきまして」という振りがあれば、冬の話です。

「お酒が好きな人がいまして」という振りなら、お酒関係のネタです。

なんとなくわかるのです。

いよいよ落語の本題に入った瞬間に、「待ってました」と合いの手が入ります。

これがあると、話し手は話しやすくなります。


日常の会話でも同じです。

「京都に行ってきまして」「待ってました」

「昨日、歌舞伎町に行ったら」「おっ、待ってました」

何があったかは、まだ何も言っていません。

それでも、「何かすごいことがあったに違いない」と期待します。

事件が始まってからではなく、事件が始まる前に食いついていくのです。

チャンスをつかむ話し方

31

話が始まった瞬間に、食いつこう。

32

「なるほど」は、話し手のテンションが下がる。

「なるほど」と言われると、話し手としては「この話は、いまいち喜んでもらえていないな」とガッカリします。

僕のところへ取材に来る人でも、「なるほど、なるほど」と言う人がいます。「なるほど」と言う人は、大体「なるほど、なるほど」と2回繰り返します。それを聞くと、「今のはボツですね。じゃ、ほかの話で」という気持ちになるのです。

カップルでも、女性に「なるほど、なるほど」と言われると、男性は「この話はあまりウケていないな」と思います。

感動している時に、「なるほど」は出ないのです。

本には「合いの手で『なるほど』と言って、自分が納得していることを相手に伝えましょう」と書いてあります。

「エーッ」とイヤな顔をされるよりはまだマシですが、「なるほど」は何か上から目線のような感じがして、盛り上がらないのです。

会話の冒頭に「へー」と驚かれると、話し手は話しやすくなります。

会話は、3段構成です。

1段目は、「へー」「なになになに?」という、つかみです。

2段目は、「へー、どういうこと?」という意外な展開です。

思ったように進まないのです。

3段目に、「そう来るか」というオチがあります。

ここまで来て、「なるほど」と言うならいいのです。

冒頭で「なるほど」と言われると、展開のしようがありません。

「なるほど」よりは、「へー」のほうが、話し手としては話しやすいです。

話は、３ブロック・３行が基本です。

長い話は、面白くありません。

会話力のない人は、それぞれの説明によけいな描写が長くて、「そこ、いらないよね」ということだらけです。

どんなに面白い話でも、前振りが長いと笑えないのです。

究極は、俳句です。

「１分間の深イイ話」の３行ラブレターが、話し方の基本です。

１行目は、状況説明です。

２行目が、意外な展開です。

３行目が、「そう来たか」というオチです。

ここで、キュンとするのです。

３行は、実に見事な会話構成です。

ここに、俳句的な要素があります。

10行になると、つまらないのです。

１行目、「放課後の体育館裏で渡したラブレター」で、完全に恋愛物とわかります。

2行目、「ノーと言ってほしかった」。

ここで、「エッ?」と思います。

3行目、「親友のあいつからのラブレターだったから」。

ここで、せつなさが出ます。

「そういうことなの?」というドラマがあります。

推理物のどんでん返しと同じです。

2行目で犯人だと思っていた人が殺されて、3行目で実は犯人ではなかったことがわかるのです。

ドラマの展開は、たかだか3行です。

短く展開する会話が、一番面白いのです。

予定調和ではないということなのです。

チャンスをつかむ話し方 32

「へー」と驚こう。

33

並列する時は、うしろがホンネ。

２つの提案がある時は、相手のホンネを先に見抜くことで話しやすくなります。

たとえば、デートでごはんを食べに行く時に、彼女から「イタリアンと中華、どっちがいい？」と聞かれます。

これは、もはや質問ではありません。

「私のお勧めは、こっちだけど」という意味があるのです。

どっちがいいか、考えているようではダメです。

この時に、男性は大体「ひっかけ問題ですか」と言います。

ひっかけではありません。

知っているか、知らないかです。

コミュニケーションは、慣れというより、文法を知っているかどうかが大きいのです。

英語に文法があるように、会話にも文法があります。

「イタリアンと中華、どっちがいい?」と言った時は、「私は中華に行きたい」ということです。

ホンネは、必ずうしろに来ます。

ここで即「中華がいいね」と言うと、会話が転がっていきます。

「気分はイタリアンかな」と言うと、「おまえの気分は聞いていない」ということになります。

相手の主張は、すでに出ているのです。

「私、中華に行く気分なんだけど、いいかな」ということです。

選択肢が2つの時は2番目、3つの時は3番目がホンネです。

相手は、無意識のうちに自分の主張をうしろに持ってきます。

それをくみ取って相手に合わせると、「気が合うね」ということになります。
この文法は、覚えておいたほうがいいのです。

チャンスをつかむ話し方

33

相手のうしろの言葉を、拾おう。

34

会話構文を覚えると、会話がラクになる。

英語に英語構文があるように、会話にも会話構文があります。**会話構文を覚えると、会話がラクになります。**

英語を習う時の難易度は、「単語」↓「熟語」↓「構文」↓「文法」の順に上がっていきます。

構文は、基本的なフレーズの決まり文句です。

会話構文の数を増やすだけで、会話のバリエーションが増えていきます。

ギターのコードを1つ覚えると、曲のバリエーションが増えるのと同じです。

まず、会話構文を覚えることが大切です。

会話術の話は、精神論になることが多いのです。

「もっと気づこう」とするより、構文を覚えたほうがいいのです。

構文を覚えると、自分は会話が苦手だと思っていた人も、話してみると意外に盛り上がることに気づきます。

会話力のない人は、会話構文を持っていません。

「あの人はスラスラ話している」というのは、実は会話構文をたくさん持っていて、それを組み合わせているだけです。

ギターでも、コード3つで弾ける曲はたくさんあります。

コードを1つも知らない人は、コード3つで弾ける人を「ギターの天才」と思っています。

それぐらいの差でしかありません。

会話構文を1つずつ増やしていくことで、会話力がついていくのです。

チャンスをつかむ話し方

34 会話構文を、覚えよう。

35

［会話構文❶］

質問会話より、想像会話をする。

「最近、ゴルフを始めまして」と言う人に、「きっとゴルフにハマるんだろうなあ」と言います。

この**「きっと○○なんだろうなあ」**というのが**「想像会話構文」**です。

この時に、「私はサッカーを始めまして」と言う人は、構文を知らないのです。

相手は「話終わったの？　私の話はカットですか」と、ムッとします。

会話力のない人は、無意識のうちに相手の話をカットするのです。

やってはいけないのが、質問会話です。

質問会話には、「なんで？」「キッカケは？」「なんのために？」という3パターンがあります。

「なんで？」「キッカケは？」「なんのために？」は、話し手のテンションが一気に下がるフレーズです。

「その話は、もうやめて」ということになるのです。

相手の話を叩《たた》きつぶしたいなら、いいのです。

質問会話をする人は、けっこう多いです。

質問会話は、話をうしろに戻しています。

面白くて始めたことに、「なんで」「キッカケ」「なんのために」はないのです。

これはむしろ、よくないことが起こった時にする質問です。

自分が面白くないと思っているから、その質問が出るのです。

「最近、フットサルを始めたんですよ」と言う人に、「なんのために？」と返すと、「またブームにのって」「フットサルをやるとモテるからでしょう」「儲《もう》かるでしょう」という否定的なツッコミが続きます。

「しんどそうだけど、やったら気持ちいいんだろうなあ」とか「やったらモテるだろうなあ」と言うのが、想像会話構文です。

「きっとしんどいんだろうな」とか「きっとケガするだろうな」で終わらせないで、「しんどいんだろうけど、きっと爽快感があるんだろうなあ」というふうに、**「○○なんだろうなあ」には、ポジティブな言葉を続けるのがポイントです。**

英語には、「It's too ~ to ~（あまりにも~すぎて、~できない」とか「It is so ~ that ~（あまりに~なので、~できる）」といった構文があります。

日本語も同じです。

上司が「フットサルを始めた」と言った時は、「またまた、年寄りの冷や水で」ではなく、「きっと○○なんだろうなあ」と言います。

これが基本文型だということに相手は気づかなくても、気分よく会話が続けられるのです。

チャンスをつかむ話し方

35

「きっと○○なんだろうなあ」と言おう。

36

［会話構文２］
アイデアを出すより、人のアイデアにのっける。

企画会議で、誰かがアイデアを出します。
または、晩ごはんをどこに食べに行くかという話でもいいのです。
その時の基本文型は、**「それは、面白い。○○するといいね」**です。
これが**「のっかり構文」**です。
自分から、提案する必要はありません。
誰かのアイデアにのっかれば、それを肯定することになるのです。

チャンスをつかむ話し方 36

提案に、「それは、面白い。○○するといいね」と言おう。

37

［会話構文❸］

誰かの提案に、面白い理由をのっける。

誰かのアイデアに対して、**「それは、面白い。なぜなら○○だから」**と言うのも、**「のっかり構文」**のバリエーションです。

自分では、アイデアを出していません。**理由をつけて、ほかの人が出したアイデアをさらに推し進めて、強化して、肯定するのです。**

「○○」の部分には、当然ポジティブな言葉が入ります。新たな意見を言うより、このほうが強いのです。

やってはいけないのは、誰かのアイデアに、「でも」で否定することです。

「ディズニーランドに行かない？」という提案に、「でも、混んでませんか」と言うと、これで話が終わります。

「でも、雨が降りそうですよ」ではなく、「雨が降りそうだから、きっとすいていますよ」と続けます。

「でも、混んでるでしょう」ではなく、「今日は人がいっぱいいるから、こういう時に行かないと」と言うのです。

「新しいアトラクションができたから、行こう」と言われたら、「でも、行列が2時間待ちとかじゃないですか」ではなく、「いいですね。2時間待っていると、絶対ミッキーが来ますよ」と言えばいいのです。

実際、行列に並んでいるほうがミッキーが来てくれます。

これが、理由をつけて相手を肯定するということなのです。

チャンスをつかむ話し方 37

提案に、「それは、面白い。なぜなら○○だから」と言おう。

38

［会話構文④］会話は、しりとりだ。

たとえば、誰かに「フットサルを始めた」と言われた時に「フットサルと言えば、僕もマネごとでやったことがあります。意外に○○ですね」と返すのが、**「しりとり構文」**です。

「○○と言えば、私も○○したことがあります。意外に○○ですね」で話すのです。

この構文の注意点は、ここでとめておくことです。

ここから長くなると、相手の話をとってしまうからです。

相手の話を受けて、「私も」と自分の体験を語ります。

まったく違う話を出すわけではありません。

相手の一番話したい言葉を拾って、「自分も○○したことがある」と言って興味を示します。

「意外に○○ですね」のところは、ポジティブなワードにします。

ここで、ポジティブなワードを出すのが苦手な人が多いのです。

結局、会話はポジティブなやりとりがどれだけできるかです。

否定的なやりとりは簡単ですが、話していてテンションが下がっていきます。

それをやっている相手も、否定することになるのです。

面白いのは、「○○と言えば、私も○○したことがあります。意外に○○ですね」という構文を使うと、本当に意外なことが出てくるのです。

チャンスをつかむ話し方 38

「○○と言えば、私も○○したことがあります。意外に○○ですね」と言おう。

39 違いより、共通点が盛り上がる。

相手が出してくる話題で自分の興味のあることは、100のうち1個です。99個は興味がないのです。

「私、興味ない」とあからさまにイヤな顔をするのが、会話力のない人です。

そもそも1人1人の興味は、みんな違うのです。

昔は娯楽が少なかったので、みんなの興味は大体一致していました。

今は、これだけ娯楽やレジャーがたくさんあります。

その中で1人1人の興味が一致すること自体、まれです。

ただし、1人1人が好きなことには、必ず何がしかの共通点があります。

共通点を語ることで、会話が盛り上がります。

そもそも違うのですから、違いを探すのは簡単です。

サッカーとフットサルは、一番もめるところです。

「フットサルなんて」と言う時点で、サッカーの人はフットサルを認めていないことになります。

バレーとビーチバレーも、違いを言えば、話は決裂します。

どこまで行っても、平行線です。

違いを言えば言うほど、相手との距離が離れていきます。

まったく違うものの共通点が見つかった時に、「意外に似てるんだね」と、話が盛り上がるのです。


たとえば、ボウリングと将棋は、どちらも「考える」という点で同じです。

ボウリング好きで将棋好きの人は、多いのです。

僕もそうです。

僕は、将棋をガマンしてボウリングをやっています。

社交ダンスと砲丸投げも、似ています。

体型的にはだいぶ違いますが、動きはまったく同じです。

砲丸投げの人にダンスを踊らせたら、うまいのです。

「共通点」と「違い」という2つのテーマがある時に、共通点を探っていくと、会話が盛り上がります。

相手を肯定して、そこに新たな発見が見出されるのです。

チャンスをつかむ話し方
39
違いより、共通点を話そう。

40

メモに気をとられすぎると、話し手はつまらなくなる。

取材などで、一生懸命メモをとっている人がいます。

メモに夢中になって、話を聞いていないのです。

会話力のある人は、逆に、話に夢中になって、メモの手が完全にとまっています。

メモをすることを忘れて聞いてくれるぐらいのほうが、話し手は面白いのです。

話とメモが、いいリズムでできるならベストです。

そういうことは、なかなかありません。

会話力のない人は、メモに気持ちが行って、会話がなくなるのです。

たとえば、レストランに予約の電話をかけると、明らかに今メモをとっているのがわかることがあります。

電話をかけているお客様への対応が、おろそかなのです。

「はい。○○と、△△と……」と、書いている気配がわかります。

好意的に解釈すると丁寧に書いてくれているのでしょうが、反応が遅いのです。


ある地方に、研修に行った時のことです。

地方の人は、素朴で、いい人が多いです。

「おいしいお店がありますから」と、地元の郷土料理に連れて行ってもらいました。

店に入ると、いかにも郷土料理店のつくりで、なかなかいい感じです。

食べたいものは、もう決まっています。

有名な郷土料理があるのです。

僕がそれを頼もうとすると、お店のオバチャンに「待って。メモをとるから」と怒られました。

都会はスピード感がありますが、地方はのんびりしています。

それがいいところでもあります。

オバチャンがメモを持ったので、「すみません、名物の◯◯と△△と……」と言うと、「待って。今テーブルナンバー書いているところだから」と言うのです。

お店も混んでいるので、こちらも気を使います。

もういいかなと思って、「すみません、じゃ、◯◯と△△」と頼んだら、「ドリンクからっ。そんなにおなかすいてるのっ」と、また怒られました。

オバチャンは、ドリンクから書きたかったのです。

これが、メモ中心主義です。

メモに気をとられすぎると、話し手はつまらなくなってしまうのです。

チャンスをつかむ話し方

40 メモすることを、忘れて聞こう。

Chapter 5

相手の心に踏み込む言葉で、距離が縮まる。

41

「個人的なこと、伺っていいですか」で、一気に距離が縮まる。

僕のところには、いろいろな人が取材に来ます。

30分の取材のあとに、「この人とまた仕事したいな」「自分が頼みたいことをぜひお願いしたいな」と思う人と思わない人とがいます。

それは、取材中のやりとりで決まります。

ほとんどの人が「大変貴重なご意見、ありがとうございました」と言って、きちんと挨拶されます。

その後、その人と仲よくなるか、「また会いたい」と思うか、名前を覚えるか、メールのやりとりが始まるかは、きちんとしているだけではダメなのです。

「この人は優秀だな」というのは、感覚的な表現です。

「感じがいい」ということです。

「この人から依頼があったら、少しムリしてでも受けよう」と思うのは、ただの仕事というよりは、個人的な関係になれるかどうかにかかっています。

「すみません、今日の取材とは直接関係ないんですけど、個人的な質問をしてもいいですか」と言う人は、自分が興味を持って僕のところに取材に来たことがわかります。

「大変貴重なご意見ありがとうございました。原稿のほうは、また追ってチェックしていただきますので、後ほどお送りさせていただきます」と、事務的なやりとりをされると、「この人は僕に興味はないけど、上司から言われたから仕方なく来たんだな」と思ってしまいます。

「個人的なことを伺ってもいいですか」というひと言で、仕事の距離が一気に縮まるのです。

まじめな人は、そんなことを言うのは図々しいのではないかと考えます。

会話は、図々しいぐらいでいいのです。

踏み込みすぎて下がる、踏み込みすぎて下がる、の繰り返しです。
パターで言うと、オーバーするということです。
手前でとまると、会話はできないのです。

チャンスをつかむ話し方

41

図々しく、話そう。

42

前に会った時の話題で、話す。

初対面でなければ、前に会った時にした話を覚えていて、それを話題にすると、会話は盛り上がります。

会話で大切なのは、相手と自分がやりとりしたことを覚えていることです。

これは、間隔が長ければ長いほど効果的です。

「前にお会いした時に聞いた映画にさっそく行ったんですよ。面白かったです。あんなマニアックな映画、よく見つけますね」と言われたら、その人が自分のことを覚えてくれていたことがわかります。

一番つらいのは、前にした話をもう一回繰り返されることです。

顔と名前はかろうじて覚えていても、前に話したことを覚えていないのです。

前に自分が言ったことを覚えていない占い師さんは、イヤです。

それが前世占いなら、もっとイヤです。

僕が笑ってしまったのは、「それでは、中谷さん……。前になんて言いましたっけ？」と占い師さんに聞かれたことです。

一流の占い師さんは、10年ぶりで行っても前に言ったことを覚えています。

お医者さんやマッサージ師さん、美容師さんも、前に言った話を覚えていてくれたらウレしいです。

会話力のある人は、前に会った時の話題をまた出してきます。

会話力のない人は、前にした話をまたするのです。

チャンスをつかむ話し方

42 前に会った時の話題を、覚えておこう。

43

同じ話は、2回ない。

「その話は聞いた」と言う人が、よくいます。

たしかに、前にした話を繰り返されることもあります。

ただし、**会話においては、同じ話は2回ありません。**

同じ話から始まっても、聞き手によって話はどんどん変わっていくからです。

子どもは、同じ絵本を何回も読んでほしがります。

子どもにとっては、毎回違う話だからです。

話は、どんどん膨らんでいきます。

本には書いていない修飾とかわき筋が増えていって、絵本を読む時にはどんどん言葉が増えていきます。

子どもは、それを楽しみにしています。

子どもが一番つまらないと感じるのは、省略されることです。

前に聞いたわき筋のエピソードが省略されると、「飛ばさないで」と怒ります。

お芝居は、同じ演目でも、毎日違います。

古典落語も、筋は決まっているのに、聞くたびに違うのです。


いかに聞き手が、話を盛り上げていけるかです。

勝負は、聞き手にかかっています。

会話は、話し手だけでつくられるものではないのです。

料理は、カレーでも、お好み焼でも、ラーメンでも、同じ味になることは永遠にありません。

会話も、常に1回こっきりのものです。

相手と自分の体調や気分は、常に変化します。

2人のバイオリズムが違うだけで、新しいものができ上がります。

会話は、言葉だけで成り立っているのではありません。

お互いの気分や体験など、あらゆるものが総合的に組み合わさってできているのです。

「その話は聞いた」と叩《たた》きつぶすのは、会話力のない人なのです。

チャンスをつかむ話し方

43

「その話、聞いた」と叩きつぶさない。

44

「それ、知ってる」で、話してもらえなくなる。

「それ、知ってる」も、相手の話を叩きつぶすセリフです。

「それ、聞いた」より、もっとくじけます。

「それ、見た」「それ、言った」と言うと、それ以上話してもらえなくなります。

本当は、そこからさらに突っ込んだ話になったり、自分の知らない話をする可能性があるのです。

「それ、知ってる」と言うことで、相手は出鼻をくじかれます。

「それ、知ってる」は、大体、出鼻に出るセリフです。

それほどくじけた様子はありませんが、相手は内面でかなりくじけています。

「それ、知ってる」は、相手をくじけさせていることに気づきにくい、危ないセリフです。

もう1つ危ないのは、「それ、知ってる」と言った瞬間に、自分自身が相手の話を聞く力を失うことです。

自分で「こういう話だ」と決めつけて、それ以外の部分を拾えなくなるのです。

会話力のある人は、前と同じ話題を出されても、前とは違うことに気づきます。

反復しながらズレていくのを楽しむのが、会話です。

新しい話が前とまったく違うのは、当たり前です。

前に聞いた話なのに、今日聞くと違うというほうが、会話のレベルは上です。

昔読んだ本を読み直したり、前に見た映画を見直して、前に気づかなかったことに気づきます。

そのほうが、新しい本や映画にドキドキするより、よっぽど面白いのです。

映画は、反復とズレで構成されています。

同じアングルが2回出てきて、それが前の場面と何か違うのです。

映画の教科書で出てくるのは、小津安二郎監督の「東京物語」です。

チャンスをつかむ話し方

44

知っている話の、展開を聞こう。

おじいさん役の笠智衆《りゅうちしゅう》さんが、奥さんとともに東京の子どもを訪ねてきます。
東京旅行の間に、奥さんが亡くなります。
奥さんと一緒にいたアングルで、今は笠智衆さんだけがいるのです。
同じアングルで、違う場面を入れるのが映画の文法です。
くどいぐらい同じ構図を出したほうが、面白いのです。
西部劇で、荒野で悪役を善玉が追いかけます。
目印はないし、追いかけているので、二人を同じカットにも入れられません。
それを見せるために、変わった形の岩とかサボテンが置いてあります。
その横を悪役が通り過ぎて、別のカットで、そこをまた善玉が通り過ぎます。
見ている側は、これで追いかけていることがわかるのです。
会話の中でも、反復を恐れないことです。
反復の中のズレに気づくことが、大切なのです。

45

「もしも話」は、「なってみないとわからない」で、終わる。

初めて会った人が何人かいた時に、自己紹介は最もつまらないのです。
ダラダラ長くてよくわからないし、ただ名刺を読んでいるだけです。
合コンで全員がそれをやると、冒頭からテンションが下がります。
たとえば、3対3の合コンでは、自己紹介に縛りを加えるためにお題を決めます。
僕がよくやるのが、「何フェチ」です。
初めて会った人でも、フェチで覚えます。
「意外だね」ということで、盛り上がります。
最初が「ご趣味は?」「休みの日は何をしているんですか」というお見合い会

話になると、話は展開しないのです。

一番盛り上がらないのは、何にハマっているかという質問です。

久しぶりの人に会って、「最近、中谷さんは何にハマッていますか」と聞かれました。

本当にハマっていることは、本人に「ハマっている」という意識がないのです。

「ハマっている」という意識があること自体、ハマっていないということです。

「何にハマっているかな」と考える時点で遅いのです。

初対面の合コンでは、自己紹介のかわりに「もしも話」も使えます。

「もし○○だったら、どうする」というのを、お題にするのです。

たとえば、「もしも死ぬ前の食事がお寿司だったら、その時に食べたいネタ3つ」というお題を出します。

「もしも話」で大切なのは、真剣に考えることです。

真剣に考えれば考えるほど、「もしも話」は面白くなります。

「そんなことどうだっていい」と言うのは、「もしも話」ではNGです。

一番つまらないやりとりは、「なってみないとわからない」です。

それはそうですが、ここでなってみようと思います。

「なってみないとわからない」と答えると、「あなたの今振ってきた話につき合いたくない」ということになります。

会話力がある人は、「もしも話」が大好きです。

「もしも無人島に行くことになったら、何を持っていく?」という話だけで、ワクワクできます。

「なってみないとわからない」と言うと、「もしも話」は終わります。

その人には、想像力がないのです。

結局、会話力は想像力です。

大切なのは、その人の頭の中で、イマジネーションがどれぐらい働くかということなのです。

チャンスをつかむ話し方

45 「もしも話」を、楽しもう。

46

上司と話すには、ツメエリだった、ブレザーだったで近づける。

あまり仲のよくない上司に、飲みに誘われました。

これは、少し気まずいです。

会話ができないのです。

上司も部下も、お互いに気を使っています。

この時に、使えるネタがあります。

銀座でクラブのママさんをやっている日高利美さんから聞いた話です。

話しにくい人との距離が一番近づくのは、「学生時代は、ツメエリでした？ブレザーでした？」と聞くことです。

その瞬間、即答できるのです。

いい歳をしたハゲオヤジが「僕、ブレザーだった」と言うと、「エー、意外。柔道着のイメージしかないんだけど」ということで、話が展開します。

厳しい女性上司が「私、セーラー服だった」と言った瞬間、その絵が浮かびます。

意外な人が、セーラー服で、ツメエリで、ブレザーで、チェックスカートなのです。

これで、会話が盛り上がります。

意外性があって、さらに、本人も高校生気分に戻るのです。

クイズ番組「Qさま!!」の演出として一番ヒットしたのは、制服を着たことです。

制服を着ると、キャラが変わります。

僕は、「Qさま!!」でブレザーを着ました。

僕自身はツメエリだったので、生まれかわって別の高校生を演じているような気分でした。

「ブレザーって、どんなだろうな」と思っていたのです。

宮崎美子さんも、セーラー服でしか見ていません。

たまたま別の番組で一緒になった時に、宮崎さんを見て、「あれ、今日は私服ですか」と思ったぐらいです。

本当はセーラー服のほうが特殊なのに、そちらが普通に見えてくるのです。

「学生時代の制服は？」というのは、いい質問です。

ここから、一気に距離が近づいていくのです。

チャンスをつかむ話し方

46

女性の上司には、セーラー服かブレザーか聞こう。

47

よく売れる薬局の店員さんの第一声は、「それは、大変ですね」。

薬局にお客様が来て、「あのー、風邪薬が欲しいんですけど」と言われます。

会話力のない人は、

「症状はどんな感じですか」

「せきがとまらなくて」

「でしたら、これがよく効きます。この薬は○○という成分が入っていて……」

と、商品の効能を語るのです。

こういう人は、売れません。

会話力のある人は、「それは、大変ですね。お仕事は、見た感じ学校の先生ですか。授業中は困りますよね」と言ってくれます。

商品ではなく、相手に興味を持っているのです。

大切な打ち合わせや授業が控えている人は、とりあえず症状をとめたいのです。

「この薬は４時間だけ効きます。逆算してその前に飲んでください」と言われたら、助かります。

「そういうことだから風邪をひくの。漢方薬を出すから、２週間かけてきっちり治しましょう」と言うのは、自分の説の押売りです。

相手の困っている立場に立っていないのです。

たとえ効いても、眠くなるような薬はダメです。

「とりあえず４時間だけ効く眠くならない薬を飲んで、４時間後にはちゃんとした薬を飲んでください」と言える人が売れるのです。

人間に寄っていくことが、会話では大切なことなのです。

チャンスをつかむ話し方

47 効能を語るより、つらい状況を聞こう。

48 看護師さんの一番人気は、よく笑う看護師さん。

一番人気の看護師さんは、注射がうまい看護師さんでも優しい看護師さんでもありません。

一番人気は、笑っている看護師さんです。

病院は、しんどい人がたくさん来ています。

一番癒されるのは、看護師さんの笑顔です。

たとえ重い病気でも、看護師さんが笑ってくれると、明るい気持ちになれます。

深刻な話題であればあるほど、笑っていることが大切です。

「私は笑っています」と言いますが、ほとんどの人は面白い話を聞いてから笑っています。

会話力のある人は、話す前、聞く前から笑っているのです。

僕は、人前で話す仕事をしています。

本当に話しやすいのは、僕が話す前から笑ってくれている状態です。

「きっと面白い話をするんだろうな」で、笑っているのです。

この空気があると、いい話をしてあげたくなります。

「面白かったら笑います」と言う人は、「ここはまだ笑うところじゃないでしょう」と言っているうちに、結局、最後まで笑わないのです。

笑い声は、面白くない話を面白そうに感じさせます。

居酒屋のように、ふすまで仕切られて隣の声が若干聞こえるようなところは、笑い声が漏れている場にしたいのです。

僕は、ＮＨＫ文化センターの梅田教室で講師をやっています。

僕の教室の笑い声が、左右の教室に聞こえているのです。

隣は、韓国語と日舞と生け花の教室です。

あまりの笑い声に、隣の教室の先生がのぞきに来るほどです。

事務局の人に、「すみません、笑い声がまわりの教室の迷惑になっていないですか。まわりの先生がのぞきに来られていたので」と言うと、「大丈夫です。どんな面白い授業をやっているのかなと、見に来られたのでしょう」と言われました。

先生も、「本当は、生徒さんに自習させて、私が聞きに行きたいぐらいですから」と言っていました。

カルチャーセンターは、初めて来た人ばかりです。

継続的に来るのではなく、いろいろな講座に出る人が多いのです。

初めて来た人にも、やっぱり笑ってほしいです。

人間は、笑っている時のほうがいろいろなものが頭に入ります。

アイデアが湧いたり、前向きにもなれます。

笑っていることが、会話力の大切な要素なのです。

チャンスをつかむ話し方
48 話す前から、笑おう。

49

無言で、一緒に歩かない。

講演に行くと、お迎えに来てくれる人がいます。

会場や控室まで案内してくれる間、無言というのが一番つらいです。

その人は、「先生に話しかけてはいけない」と、気を使っているのです。

僕からすると、無言のほうが気まずいです。

お迎えに来ても、無言の人は、相手に対して「仕事前に話しかけたら申しわけない」というリスペクトとして黙っています。

こちらからいくら話しかけても、あまりノッてくれないのです。

会話力のない人は、歩きながら話すのが苦手です。

本当は歩きながらのほうが話しやすいし、デートでも歩きながら話すのが楽しいのです。

会話力のない人は、「駅まで一緒に行きましょうか」と言うわりには、そのあとは無言です。

それなら、1人で帰りたいです。

無言のままでは、「なんで一緒に帰ろうと言ったの」と、つらくなります。

何を考えているかわからない状況に、追い込まれるのです。

コンサートやセミナーの帰り道で、女性が男性に「駅まで一緒に歩きますか」と言われます。

女性の中では、「このあとどこかに誘われたらめんどくさいから、どう断ろうかな」と考えています。

ところが、男性は無言で、誘いのひと言もありません。

その状況は、誘われるより、もっとめんどくさいのです。

それなら1人で帰ったほうがマシです。

無言でいられると、気を使います。

そのほうが、もっとしんどいのです。

会社の会議室まで行く間でも、何かの会話はできます。

1秒でも会話ができるのですから、**1分あれば、けっこうたっぷり会話できます。**

会話力のない人は、「たった1分しかない」と思い込んでいます。

エレベーターでも、15秒、30秒あれば、かなりのストーリーが語れます。

立川談志師匠は、「たいていの落語は1分で話せる」と言っていました。

それを長くすることも、短くすることもできます。

会話力のない人は「1分しかないから話せない」と、最初から諦めているのです。

チャンスをつかむ話し方

49

歩きながら、話そう。

50

「行ってらっしゃい」に、「ありがとうございます」と言わない。

今の一流ホテルは、「いらっしゃいませ」ではなく、「こんにちは」と言います。

もっと上のランクのホテルでは、「行ってらっしゃい」「おかえりなさい」と言っています。


僕が毎日、朝ごはんを食べているお店があります。

レジでお金を払うと、「ありがとうございました」ではなく、「行ってらっしゃい」と言ってくれます。

それに対して、僕も「行ってきます」と挨拶します。

どこかに行くわけではありません。

家に帰るだけでも、「行ってきます」と言うのです。

「行ってらっしゃい」と言われた時に、「行ってきます」と言う人と言わない人とに分かれます。

ディズニーランドでは、アトラクションの場所を聞いた時に、「○○にあります。行ってらっしゃい」と言ってくれます。

会話力のある人は、「行ってらっしゃい」に対して、「行ってきます」と言います。

会話力のない人は、黙って行きます。

または、「ありがとうございました」と言います。

「行ってらっしゃい」に「ありがとうございました」は、つまらないやりとりです。

「お店の人」と「お客様」になるからです。

対等な関係になることが、ウレしいのです。

「行ってらっしゃい」「行ってきます」は、距離を縮める言葉です。

近い距離でだけではなく、離れた人にも言えるセリフです。

道を掃除している人とは、それほど親しい間柄ではありません。

要は、レレレのおじさんです。

レレレのおじさんに「行ってきます」が言えるかどうかです。

タクシーでの「行ってらっしゃい」「行ってきます」のやりとりは、感じがいいのです。

急に、初対面が初対面でなくなります。

「行ってらっしゃい」「ありがとうございました」では、何か他人行儀な感じがするのです。

チャンスをつかむ話し方 50

「行ってらっしゃい」には、「行ってきます」と言おう。

51

相手の前後の状況を、把握する。

タクシーに乗る時に、「お待たせしました」と言われました。

これは、ウレしくなるセリフです。

本来、お客様が待っていたかどうかは、タクシーの運転手さんにはわかりません。

それでも、無言とか、いきなりドアがバンと開いて「どちらへ」と言われるよりも、間違いのないセリフです。

相手のそのあとの状況と、それまでの状況をきちんと把握してくれている言葉が入ると、自分をわかってくれた感があるのです。

チャンスをつかむ話し方

51 「ありがとうございました」より、「行ってらっしゃい」と言おう。

旅館に泊まって、朝、チェックアウトします。

その時のお見送りのセリフは、「ありがとうございました」ではありません。

「ありがとうございました」は、旅行の終わりのセリフです。

宿泊のお客様は、これからどこか別のところに行くか、帰るのだから、「行ってらっしゃい」のほうが旅人の気持ちになっています。

「ありがとうございました」は、完全に「お金を払ってくれてありがとう」ということになるのです。

52

「いらっしゃいませ」より、「おかえりなさい」のほうが、強い。

旅館に到着した時に、2回目の時は「おかえりなさい」と言われます。

ここに来ていなかった間も、ずっとつながっていたという言葉が、「おかえりなさい」です。

僕は、外国のホテルで初めて「ウエルカム・バック」と言われました。

たしかに、そこに行くのは2回目です。

「ウエルカム」と言われている人もいます。

ここで、「覚えてくれていた」「つながっていた」と感じられるのです。

「いらっしゃいませ」より、「おかえりなさい」のほうがウレしいです。

彼女の部屋に行った時に「おかえりなさい」と言われたら、彼は必ずそこに帰ってきます。

「おかえりなさい」は、平凡ですが、強い言葉です。

特殊な言葉よりも、平凡な言葉のほうが強いのです。

会話力のない人ほど、ヘンな言葉を使います。

変わった言葉を使うほうがいいという、思い込みがあるのです。

英語でもなんでも、難しい単語を使うより、平凡な言葉をどれだけ味わい深く使いこなせるかが大切なのです。

チャンスをつかむ話し方 52

日常の言葉を、使いこなそう。

Chapter 6

上司やお客様に、ひと言で愛される。

53

自分の言葉よりも、相手の言葉で話す。

「すみません、お冷やください」と言った時に「お水ですね」と言われたら、ちょっとイヤな感じです。

「小ライスください」に「半ライスですね」も、間違いを訂正された感があります。

通じているなら、直さなくてもいいのです。

会話は、相手が今使っている言葉で話すことが原則です。

たとえば、野球のたとえが好きな上司がいます。

「おまえが今やっていることは、野球で言えばボークだよ」と言われます。

ここで部下が「サッカーで言うと……」と言うと、「なんでサッカーに置きかえるの」と言われます。

実際、若者はサッカーにたとえることが多いのです。

僕が講演をする時も、お客様が50代以上なら野球にたとえますが、40代以下ならサッカーのたとえに変えます。

相手の言葉を使って、返すことです。

野球の例で言われたら、反論するにしても野球の例で反論します。

「サッカーで言うと」と言うと、「サッカーなんてわからんわい」と言われます。

話をとられた感がするのです。

交渉の時も、相手がたとえた例で返していきます。

野球の例で来たら野球、サッカーで来たらサッカー、ゴルフで来たらゴルフで返すことが大切なのです。

チャンスをつかむ話し方 53

相手の言葉を、自分の言葉に置きかえない。

54

ヘラヘラ笑いは、笑顔ではない。

会話は笑顔が大切と言うと、間違ってヘラヘラ笑いをする人がいます。
本人は、笑顔のつもりです。
相手は、逆にムッとします。
特に、クレームで来たお客様には、「ヘラヘラ笑って、なんなの」と激怒されます。

「ヘラヘラ笑い」と「笑顔」の違いを、きっちりつけておくことです。
ヘラヘラ笑いは、セールスマンぽい「売らんかな」の気持ちが強いのです。
「責任は自分にない」と、逃げている感じもします。

自分では笑いすぎと思うぐらいの顔で、ちょうどいいのです。
ヘラヘラ笑いは、笑顔の6掛けぐらいです。
相手からすると、何かバカにされているような感じがします。
自分の思っている笑顔の倍笑っておくと、ちょうどいい笑顔になります。
自分が思っている100％の笑顔で笑うと、ヘラヘラ笑いになるのです。

チャンスをつかむ話し方 54

ヘラヘラ笑いになっていることに、気づこう。

55

クレームは、「スタッフが」ではなく、「私が」で受ける。

クレームがこじれるのは、お客様とのやりとりの会話でしくじるからです。

実際に起こっている問題が解決しなくても、会話がうまくできれば、お客様には納得してもらえます。

さらに、そのお店のファンになってもらえるのです。

会話でしくじると、「その言い方はなんだ」と大炎上する可能性があるのです。

クレームは、自分のせいでないこともけっこうあります。

理不尽に感じますが、相手からすると、同じ会社の人です。

「うちのスタッフが」とか「私の部下が」と言うと、お客様には「こいつ、逃げたな」と思われます。

これで、会話をしくじるのです。

クレームであればあるほど、それを受ける時の主語は「私が」にすることです。

たとえば、結婚式のブライダルプランナーが新郎新婦と相談している時に、「当日はスタッフがすべてダンドリしますから」と言われると、少し不安です。

「じゃ、あなたは？」と思います。

「何が起こっても、私がすべて承りますから」と言われると、安心できます。

大企業の社長さんほど、そういう言い方をしています。

そんな偉い人が、出てくる必要はないのです。

中間管理職のほうが、「何かあったらスタッフに言ってください。現場の者に言ってもらえれば、なんとでもしますから」と言いがちです。

本人が逃げている感じが、会話としてはつらいのです。

チャンスをつかむ話し方 55 ほかの人のせいでも、謝ろう。

56

同じことを2回言うと、反感を買う。

上司やお客様に、嫌われない話し方があります。

たとえば、クレーム対応で「先ほども申し上げましたように」と言うと、お客様はムッとします。

同じことを2回言うと、感じが悪いのです。

「マニュアルでできないことになっています」と言うこと自体、すでに感じが悪いです。

「再三申し上げていますように、マニュアルでできないことになっています」と2回繰り返して言うと、「マニュアルでできないことになっています」というひと言よりも、さらに感じが悪くなるのです。

本人は、強調しようとしているだけです。

同じことを2回言う人は、2回ではとまらなくて、3回言うことになります。

話す時は、すでに言った言葉を2回繰り返さないことが大切なのです。


同時に、**相手に2回同じことを言わせることもよくありません。**

自分が同じことを言わないのと同じように、相手にも同じことを2回言わせないようにすることです。


相手を、イヤな人にしてしまいます。

自分もイヤな感じを抱き、相手自身も不快感を持つようになるのです。

2回同じことを言わせないために、2回同じことを聞いてしまわないようにすることです。

チャンスをつかむ話し方 56

相手に同じことを、2回言わせない。

57

「すみません」「ありがとうございます」で、逃げない。

会話力のある人は、会話を終わらせる言葉を使いません。

「すみません」と「ありがとうございます」は、そのあとに会話が続かないのです。

本人も、「すみません」「ありがとうございます」と言うことで、ガラガラとシャッターをおろして閉店します。

お詫《わ》びと感謝の言葉に、「すみません」と「ありがとうございます」にかわるボキャブラリーを持つことが、会話力です。

便利な言葉だけに、それに甘えて相手の会話をカットしているのです。

「すみません」「ありがとうございます」は、言葉自体はいい言葉です。

ただし、これを使うと、その会話がジ・エンドになります。

一流ホテルでは、「ありがとうございました」のかわりに、「行ってらっしゃい」と言ってくれるので、「行ってきます」と言葉を返すことができるのです。

「ありがとうございます」には、「ありがとうございます」しか返せないのです。

チャンスをつかむ話し方

57 終わらせ言葉を、言わない。

58

説教には、「それだけですね」より「ほかには？」と言う。

説教につかまるタイプは、会話力のない人です。

最も会話力のない人は、説教された時に「それだけですね」と言います。

説教された時は、「ほかには？」と言うことです。

「ほかにも何か気がついたことがあったら、言っていただければありがたいです。耳に痛いことをガンガン言ってください」と言うと、相手は「こいつには通じたな」と満足して、そこで終わります。

「それだけですね」と言って、パタッとノートを閉じると、相手に火がつきます。

「なに帰ろうとしてるの。それだけじゃないよ。あれもそうだよ。これもそうだよ」と、ますます長くなるのです。
「それだけですね」は、今の話が面白くないから、早く切ろうとするセリフです。
それが、相手にはカチンと来るのです。

説教から逃げようとすればするほど、追いかけてきます。
犬と同じです。
犬とのつき合い方と同じと、考えておけばいいのです。
ムツゴロウさんは、犬に咬《か》まれた手をグッと中に押し込みます。
ひっぱったら、よけい食いついてくるからです。
説教から逃げないで、グッと踏み込んでいけばいいのです。

チャンスをつかむ話し方

58 説教を、終わらせようとしない。

59

教え魔には、「もっと教えてください」と言うと、つかまらなくなる。

教え魔につかまって朝までつき合わされるのも、会話力がないからです。

僕が一番長くつき合った上司は、博報堂３５００人中トップの教え魔でした。

教え魔につかまると、朝まで時間がとられます。

僕の兄弟子は、家まで来て寝られてしまうという大変なことになっていました。

教え魔につかまらないコツは、「もっと教えてください」と言うことです。

「もっと教えてください」とフトコロに入ると、相手を満足させられます。

「今度、時間がある時に聞きます」という逃げる体勢が一瞬でも見えると、「こいつには、まだ教えた感がない」と思われます。

教え魔の人は、「教えた感」が欲しいのです。

僕は、セールスマンの撃退にこの方法を使いました。

大学時代に、印鑑を売りに来た人がいました。

ピンポンと呼び鈴を鳴らして、「印鑑に興味ありますか」と言うのです。

僕は「興味がある」と言って、家に上がってもらいました。

ノートを出して、「そもそも印鑑というのは、何年ぐらい前からあるものなんですか。すみません、先に言っときますね。買いませんよ。歴史が好きなので勉強しようと思います。やっぱりエジプトとか、そっちのほうですか」と言って、印鑑の歴史を根掘り葉掘り聞きました。

結局、2時間ぐらいたったところで、「すみません、私も仕事があるので、このへんで帰らせてもらっていいですか」と言われ、二度と来なくなりました。

逃げよう、逃げようとしている人が、セールスにつかまるのです。

チャンスをつかむ話し方 59

教え魔から、逃げない。

Chapter 7

NGワードで、相手の話を叩きつぶさない。

60

赤ちゃんは、自分の主張をする。子どもは、自分の説明をする。大人は、相手の利益を話す。

上司に怒られないためには、部下は「大人の会話」をしたほうがいいのです。会話には、「赤ちゃんの会話」「子どもの会話」「大人の会話」という3通りがあります。

赤ちゃんの会話は、自分の主張しかしません。

子どもの会話は、赤ちゃんより少し成長します。言いわけしたり、「なぜこうかと言うと」と説明したりします。

大人の会話は、「こうすると、○○ですよ」と、相手の利益を話します。

相手がハッピーになって、相手のプラス、相手のメリットになるのが、大人の会話です。

会話力は、「自分の主張」→「自分を守る言いわけ」→「相手側に立った言葉」という順番で発達します。

その人がどういう会話をしているかで、その人の発達段階がわかるのです。

自分の主張や言いわけばかりしている人は、大人になれずに中年になります。

歳だけとって、赤ちゃんや子どもの会話をしているのです。

中年は初老になり、前期高齢者になり、後期高齢者になります。

相手の利益を話す大人は、80歳、90歳になっても大人のままです。

今話している話が、相手の幸せの会話かどうかを考えることが大切なのです。

チャンスをつかむ話し方

60

自分の主張や説明より、相手の利益を語ろう。

61

声の大きさは、状況で変わる。

オバチャンは声が大きすぎるし、若者は声が小さすぎます。

テレビのバラエティー番組では、声を張って話します。

トーク番組は、チャンネルや時間帯にもよりますが、声はそんなに張らないようにします。

ラジオのＡＭとＦＭとでも、話し方が違います。

いろいろな状況によって、声の張りの度合いを変えるのです。

大きすぎてもいけないし、小さすぎてもいけません。

今は若者たちの声が小さくなって、届かないのです。

こちらに向かって言っているというより、完全に独り言に寄っています。

若手俳優の声が小さいのです。

俳優は、バラエティーのように声を張るのに慣れていません。

「スマスマ」で、「すみません、今テレビを見ている人がボリュームを27まで上げちゃいましたから、もうちょっと声を張ってください」と言っていました。

相手に「エッ？」と聞き返されるのは、自分の声が通っていないからです。


新幹線の中では、まわりに迷惑にならないように小さめの声で話します。

でも、まわりがうるさい外で、その声では通りません。

会話力のある人は、今の自分の声が、その場にふさわしい音量かどうかがわかっています。

大きすぎるだけではなく、小さすぎるのも考えものなのです。

チャンスをつかむ話し方 61

その場にふさわしい音量で、話そう。

62

「ほかには？」が、相手の話を叩きつぶしている。

「ほかには？」は、説教されている時ならいいのです。

ただし、**相手が好きな話をしている時に、「ほかには？」は使えません。**

たとえば、「最近、フットサル始めたんだよ」と言われて、「ほかには何やっているんですか」と言うのは、フットサルの話は却下ということです。

「今日、帰りに焼肉行く？」と言われた時に、「ほかには？」と言うと、「今のはボツですか」とムッとされます。

「じゃ、イタリアンか中華にしようか」に「ほかには？」と言った時点で、「もうありません」ということになるのです。

「ほかには？」は、「今の話がつまらないから、話題変えて」という、相手を叩《たた》

きつぶすワードです。


好感を持たれるのは、早押しです。

クイズ番組で言うと、「ダイブ」です。

問題を最後まで聞かないで、予測してボタンを押して答えるのです。

「何食べに行こうか。イタリアンと……」と言われたら、最後まで聞かないで、即「イタリアン」と言います。

問題は、途中までしか言っていません。

選択肢なしで食いついてくれたことで、提案した側に喜ばれるのです。

前に「選択肢はうしろを選ぶ」と言いましたが、これはさらに上級レベルのやり方です。

選択肢1個で、食いつくのがベストです。

「ほかにもあるけど」と言って、「今は絶対イタリアン」と言われると、提案した側は「かわいいね。連れて行ってあげたい」という気持ちになります。

「中華も言おうと思ったんだけど」と続けられたら、「あっ、中華かあ。どっちもはダメですよね。じゃ、今日はイタリアンで、今度は中華に連れて行ってください」という展開にします。

そこで「じゃ、中華にします」と逆転させると、勝ち残れません。

「AとBの、どちらがいい」という質問には、「Aはイマイチなので、B」という答え方は、相手をガッカリさせます。

消去法は、喜びが感じられないのです。

「Aもそそられますね。それ以上に、Bは魅力的です」と、両方を上げる言い方が、相手に喜びが伝わるのです。

チャンスをつかむ話し方

62 相手の話に、「ほかには？」と言わない。

63

「どっちでもいい」「興味ない」「わからない」は、会話の拒否になる。

会話は、とにかくNGワードを言わないようにします。

会話力のない人は、NGワードが多いのです。

つまり、**NGワードのワースト3は、「どっちでもいい」「興味ない」「わからない」です。**

「興味がない」ということに集約されています。

「イタリアンと中華のどっちがいい？」に「どっちでもいい」と言うのは、最低の答えです。

「ほかには？」よりも、もっと下です。

「ほかには？」は、まだ選ぼうとしています。

かわいそうなことに、「どっちでもいい」と言う人は、謙虚な人が多いのです。

悪意はありません。

本当は「あなたと一緒に行くなら、どっちでもいい」と言いたかったのに、「あなたと一緒に行くなら」が消えて、「どっちでもいい」だけが残ったのです。

女性にこれを言われると、男性はめげます。

「どっちでもいい」「興味ない」「わからない」イコール「行きたくない」「早く帰りたい」というセリフに聞こえるのです。


「わからない」と言う人は正直です。

たしかに、わからない時はわかりません。

その「わからない」というセリフが相手をくじけさせています。

そのことに、気づけるかどうかです。

気持ちのやりとりの問題なのです。

チャンスをつかむ話し方

63 NGワードを、言わない。

64

部下の「なんとなく」が、上司をイライラさせている。

部下のセリフで、上司に一番嫌われるのは、「なんとなく」です。

「A案とB案、どっちがいいと思う？」

「AよりBのほうがいいと思います」

「なんで？」

「なんとなく」

と言うのです。

これが一番イラッとします。

「なんとなく」は、NGワードです。

上司が聞きたいのは、根拠です。

「なんとなく」は、いかにもヤル気のない言葉です。

「あなたと話すのがめんどくさい」ということです。


上司が、自慢の時計を部下に見せます。

「どう思う？」

「いいですね」

「どこが？」

「なんとなく」

これでは完全に「この時計に興味がない」「たいしたことない」と言っているのと同じです。

たしかに、感覚では「なんとなく」です。

会話で大切なのは、「なんとなく」という感覚を、それなりの言葉に置きかえることです。

「私はあなたに興味がありますよ」

「あなたの今の話に興味がありますよ」

「あなたの持ち物に興味がありますよ」

ということを示すために、「なんとなく」という言葉で逃げないようにします。

会話力のない人は、すべて「なんとなく」で逃げていくのです。

チャンスをつかむ話し方 64

「なぜならば」を、つけ加えよう。

65

「イヤだ」と言ったら、イヤだという言い方をしない。

上司が部下にガッカリする発言に、「イヤだと言ったら、イヤだ」があります。

イヤならイヤでいいから、理由を言ってほしいのです。

会話力のない人は、「なんでイヤなの」と聞くと、「イヤだと言ったらイヤだから」と、同じことを繰り返します。

「だって好きだと言ったら、好きなんだもん」と言うのと同じです。

これでは、会話は進みません。

いかに理由を言えるかが、大切です。

これが、大人と子どもの違いです。

大人は、自分の主張を言ったあとに「なぜならば」がつくのです。

僕は、堺市の浜寺小学校の子どもに「○○です。なぜならば、○○だから」という会話構文を教えています。

小学生から「なぜならば」という言葉が出てくるのは、不思議な風景です。

「なぜならば」と言うと、賢そうに見えます。

「なぜならば」を入れるだけで、会話力がアップするのです。

チャンスをつかむ話し方

65 イヤな理由を、言おう。

66

当たりさわりのない意見より、自分なりの小発見を話す。

上司に意見を求められた時に、返す力が会話力です。

まじめで優等生の人は、「大発見を言わなければ」と思っています。

会話で大切なのは、小発見のキャッチボールです。

キャッチボールでは、剛速球はＮＧです。

相手が受け取りやすいように、短く、何度も何度もリズミカルに投げていきます。

大発見が見つからないと、会話力のない人は、さしさわりのない意見で逃げようとします。

否定的でもなく、肯定的でもない、ありきたりな意見です。

とりあえず、叱られることはありません。

意見を求められた時は、反対でも賛成でもない、当たりさわりのない意見より、自分なりの小発見を話すほうがいいのです。

大発見は、そうそうありません。

あったとしても、つまらないことが多いのです。

大発見と小発見とでは、小発見のほうが圧倒的に面白いのです。

チャンスをつかむ話し方
66
大発見より、小発見を話そう。

Epilogue

67

会話は、毒にも薬にもなる。

いいお医者さんは、会話力のあるお医者さんです。

注射や薬で治療するのではなく、会話で治療するのです。

患者さんにとっては、恥ずかしいこと、みっともないことを話しやすいお医者さんが、いいお医者さんです。

たいていの人が病院嫌いなのは、お医者さんに叱られるからです。

「なんでもっと早く来なかったんだ。ダメじゃないか、こんなになるまで放っておいて」と叱られるのです。

ただでさえしんどいのに、さらに怒られると思うと、ますます行きたくなくなります。

もう少し様子を見てみようということで、さらに症状が悪くなるのです。

お医者さんに「来てくれてありがとう」と言われたら、「来てよかった」と思えます。

症状がひどくなっていても、「こんなになって、しんどかったでしょう」と言われると救われます。

本来、お医者さんが「来てくれてありがとう」と言うのは、おかしいのです。

「ありがとう」と言うのは、患者さんのほうです。


歯医者さんで、痛い治療のあとに「頑張りましたね」と言われます。

頑張ったのは、先生です。

患者は、やってもらっているだけです。

僕は、2カ月おきに歯の定期検査に行っています。

「来てもらえるだけで、中谷さんは成功です」と言われると、ウレしくなります。


言葉の薬が、患者さんに効くのです。

お医者さんと患者さんだけのことではありません。
上司と部下でも、恋人同士でも言葉の薬があります。
薬にもなれば毒にもなるのが、会話です。
薬としての言葉を、たくさん覚えていくことです。
人を元気にする薬言葉のスタートラインが、挨拶なのです。

チャンスをつかむ話し方 67

言葉を、薬にしよう。

【阪急コミュニケーションズ】
『いい男をつかまえる恋愛会話力』
『サクセス&ハッピーになる50の方法』

【あさ出版】
『「いつまでもクヨクヨしたくない」とき読む本』
『「イライラしてるな」と思ったとき読む本』
『「つらいな」と思ったとき読む本』

【きずな出版】
『ファーストクラスに乗る人の仕事』
『ファーストクラスに乗る人の教育』
『ファーストクラスに乗る人の勉強』
『ファーストクラスに乗る人のお金』
『ファーストクラスに乗る人のノート』
『ギリギリセーーフ』

『なぜあの人は40代からモテるのか』
(主婦の友社)
『一流の時間の使い方』(リベラル社)
『品のある人、品のない人』(ぱる出版)
『輝く女性に贈る 中谷彰宏の運がよくなる言葉』
(主婦の友社)
『名前を聞く前に、キスをしよう。』
(ミライカナイブックス)
『ほめた自分がハッピーになる「止まらなくなる、ほめ力」』(パブラボ)
『なぜかモテる人がしている42のこと』
(イースト・プレス　文庫ぎんが堂)
『一流の人が言わない50のこと』
(日本実業出版社)
『輝く女性に贈る　中谷彰宏の魔法の言葉』
(主婦の友社)
『「ひと言」力。』(パブラボ)
『一流の男　一流の風格』(日本実業出版社)
『「あと1年でどうにかしたい」と思ったら読む本』
(主婦の友社)
『変える力。』(世界文化社)
『なぜあの人は感情の整理がうまいのか』
(中経出版)
『人は誰でも講師になれる』
(日本経済新聞出版社)
『会社で自由に生きる法』
(日本経済新聞出版社)
『全力で、1ミリ進もう。』(文芸社文庫)
『だからあの人のメンタルは強い。』
(世界文化社)
『「気がきくね」と言われる人のシンプルな法則』
(総合法令出版)
『だからあの人に運が味方する。』(世界文化社)
『だからあの人に運が味方する。(講義DVD付き)』
(世界文化社)
『なぜあの人は強いのか』(講談社+α文庫)
『占いを活かせる人、ムダにする人』(講談社)
『贅沢なキスをしよう。』(文芸社文庫)
『3分で幸せになる「小さな魔法」』(マキノ出版)
『大人になってからもう一度受けたい コミュニケーションの授業』
(アクセス・パブリッシング)
『運とチャンスは「アウェイ」にある』
(ファーストプレス)
『「出る杭」な君の活かしかた』(明日香出版社)
『大人の教科書』(きこ書房)
『モテるオヤジの作法2』(ぜんにち出版)
『かわいげのある女』(ぜんにち出版)
『壁に当たるのは気モチイイ　人生もエッチも』
(サンクチュアリ出版)
『ハートフルセックス』【新書】
(KKロングセラーズ)
書画集『会う人みんな神さま』(DHC)
ポストカード『会う人みんな神さま』(DHC)

面接の達人(ダイヤモンド社)

『面接の達人　バイブル版』
『面接の達人　面接・エントリーシート問題集』

中谷彰宏　主な作品一覧

『テンションを上げる45の方法』
『成功体質になる50の方法』
『運のいい人に好かれる50の方法』
『本番力を高める57の方法』
『運が開ける勉強法』
『ラスト３分に強くなる50の方法』
『答えは、自分の中にある。』
『思い出した夢は、実現する。』
『習い事で生まれ変わる42の方法』
『面白くなければカッコよくない』
『たった一言で生まれ変わる』
『なぜあの人は集中力があるのか』
『健康になる家　病気になる家』
『スピード自己実現』
『スピード開運術』
『失敗を楽しもう』
『20代自分らしく生きる45の方法』
『受験の達人2000』
『お金は使えば使うほど増える』
『大人になる前にしなければならない50のこと』
『会社で教えてくれない50のこと』
『学校で教えてくれない50のこと』
『大学時代しなければならない50のこと』
『昨日までの自分に別れを告げる』
『人生は成功するようにできている』
『あなたに起こることはすべて正しい』

【PHP研究所】
『叱られる勇気』
『40歳を過ぎたら「これ」を捨てよう。』
『中学時代がハッピーになる30のこと』
『頑張ってもうまくいかなかった夜に読む本』
『14歳からの人生哲学』
『受験生すぐにできる50のこと』
『高校受験すぐにできる40のこと』
『ほんのささいなことに、恋の幸せがある。』
『高校時代にしておく50のこと』
『中学時代にしておく50のこと』

【PHP文庫】
『もう一度会いたくなる人の話し方』
『お金持ちは、お札の向きがそろっている。』
『たった３分で愛される人になる』
『自分で考える人が成功する』
『大人の友達を作ろう。』
『大学時代しなければならない50のこと』

【三笠書房・知的生きかた文庫/王様文庫】
『読むだけで人生がうまくいく本』

【大和書房】
『結果がついてくる人の法則58』

【だいわ文庫】
『なぜか「HAPPY」な女性の習慣』
『なぜか「美人」に見える女性の習慣』
『いい女の教科書』
『いい女恋愛塾』
『やさしいだけの男と、別れよう。』
『「女を楽しませる」ことが男の最高の仕事。』
『いい女練習帳』
『男は女で修行する。』

【学研パブリッシング】
『美人力』
『魅惑力』
『冒険力』
『変身力』
『セクシーなお金術』
『セクシーな出会い術』
『セクシーな整理術』
『セクシーなマナー術』
『セクシーな時間術』
『セクシーな会話術』
『セクシーな仕事術』
『王子を押し倒す、シンデレラになろう。』
『口説きません、魔法をかけるだけ。』
『強引に、優しく。』
『品があって、セクシー。』
『キスは、女からするもの。』

【KKベストセラーズ】
『誰も教えてくれなかった大人のルール恋愛編』

【ファーストプレス】
『「超一流」の会話術』
『「超一流」の分析力』
『「超一流」の構想術』
『「超一流」の整理術』
『「超一流」の時間術』
『「超一流」の行動術』
『「超一流」の勉強法』
『「超一流」の仕事術』

【PHP研究所】
『【図解】お金も幸せも手に入れる本』
『もう一度会いたくなる人の聞く力』
『もう一度会いたくなる人の話し方』
『【図解】仕事ができる人の時間の使い方』
『仕事の極め方』
『【図解】「できる人」のスピード整理術』
『【図解】「できる人」の時間活用ノート』

【PHP文庫】
『中谷彰宏　仕事を熱くする言葉』
『入社３年目までに勝負がつく77の法則』

【三笠書房・知的生きかた文庫/王様文庫】
『お金で苦労する人しない人』

【オータパブリケイションズ】
『せつないサービスを、胸きゅんサービスに変える』
『ホテルのとんがりマーケティング』
『レストラン王になろう２』
『改革王になろう』
『サービス王になろう２』
『サービス刑事』

【あさ出版】
『気まずくならない雑談力』
『人を動かす伝え方』
『なぜあの人は会話がつづくのか』

【学研パブリッシング】
『片づけられる人は、うまくいく。』
『怒らない人は、うまくいく。』
『ブレない人は、うまくいく。』
『かわいがられる人は、うまくいく。』
『すぐやる人は、うまくいく。』

『仕事は、最高に楽しい。』（第三文明社）
『20代でグンと抜き出る　ワクワク仕事術66』
（経済界・経済界新書）
『会社を辞めようかなと思ったら読む本』
（主婦の友社）
『「反射力」早く失敗してうまくいく人の習慣』
（日本経済新聞出版社）
『伝説のホストに学ぶ82の成功法則』
（総合法令出版）
『富裕層ビジネス　成功の秘訣』
（ぜんにち出版）
『リーダーの条件』（ぜんにち出版）
『成功する人の一見、運に見える小さな工夫』
（ゴマブックス）
『転職先はわたしの会社』（サンクチュアリ出版）
『あと「ひとこと」の英会話』（DHC）
『オンリーワンになる仕事術』
（KKベストセラーズ）

恋愛論・人生論

【ダイヤモンド社】
『なぜあの人は逆境に強いのか』
『25歳までにしなければならない59のこと』
『大人のマナー』
『あなたが「あなた」を超えるとき』
『中谷彰宏金言集』
『「キレない力」を作る50の方法』
『お金は、後からついてくる。』
『中谷彰宏名言集』
『30代で出会わなければならない50人』
『20代で出会わなければならない50人』
『あせらず、止まらず、退かず。』
『「人間力」で、運が開ける。』
『明日がワクワクする50の方法』
『なぜあの人は10歳若く見えるのか』

中谷彰宏　主な作品一覧

ビジネス

[ダイヤモンド社]

『なぜあの人の話は楽しいのか』
『なぜあの人はすぐやるのか』
『なぜあの人の話に納得してしまうのか[新版]』
『なぜあの人は勉強が続くのか』
『なぜあの人は仕事ができるのか』
『なぜあの人は整理がうまいのか』
『なぜあの人はいつもやる気があるのか』
『なぜあのリーダーに人はついていくのか』
『なぜあの人は人前で話すのがうまいのか』
『プラス１％の企画力』
『こんな上司に叱られたい。』
『フォローの達人』
『女性に尊敬されるリーダーが、成功する。』
『就活時代しなければならない50のこと』
『お客様を育てるサービス』
『あの人の下なら、「やる気」が出る。』
『なくてはならない人になる』
『人のために何ができるか』
『キャパのある人が、成功する。』
『時間をプレゼントする人が、成功する。』
『会議をなくせば、速くなる。』
『ターニングポイントに立つ君に』
『空気を読める人が、成功する。』
『整理力を高める50の方法』
『迷いを断ち切る50の方法』
『初対面で好かれる60の話し方』
『運が開ける接客術』
『バランス力のある人が、成功する。』
『映画力のある人が、成功する。』
『逆転力を高める50の方法』
『最初の3年 その他大勢から抜け出す50の方法』
『ドタン場に強くなる50の方法』
『アイデアが止まらなくなる50の方法』
『メンタル力で逆転する50の方法』
『超高速右脳読書法』
『なぜあの人は壁を突破できるのか』
『自分力を高めるヒント』
『なぜあの人はストレスに強いのか』
『なぜあの人は仕事が速いのか』
『スピード問題解決』
『スピード危機管理』
『スピード決断術』
『スピード情報術』
『スピード顧客満足』
『一流の勉強術』
『スピード意識改革』
『お客様のファンになろう』
『成功するためにしなければならない80のこと』
『大人のスピード時間術』
『成功の方程式』
『なぜあの人は問題解決がうまいのか』
『しびれる仕事をしよう』
『「アホ」になれる人が成功する』
『しびれるサービス』
『大人のスピード説得術』
『お客様に学ぶサービス勉強法』
『大人のスピード仕事術』
『スピード人脈術』
『スピードサービス』
『スピード成功の方程式』
『スピ--ドリーダーシップ』
『大人のスピード勉強法』
『一日に24時間もあるじゃないか』
『もう「できません」とは言わない』
『出会いにひとつのムダもない』
『お客様がお客様を連れて来る』
『お客様にしなければならない50のこと』
『30代でしなければならない50のこと』
『20代でしなければならない50のこと』
『なぜあの人の話に納得してしまうのか』
『なぜあの人は気がきくのか』
『なぜあの人は困った人とつきあえるのか』
『なぜあの人はお客さんに好かれるのか』
『なぜあの人はいつも元気なのか』
『なぜあの人は時間を創り出せるのか』
『なぜあの人は運が強いのか』
『なぜあの人にまた会いたくなるのか』
『なぜあの人はプレッシャーに強いのか』

「本の感想など、どんなことでも、

あなたからのお手紙をお待ちしています。

僕は、本気で読みます。」

中谷彰宏

〒141-8412　東京都品川区西五反田2-11-8-16F
学研パブリッシング　趣味カルチャー事業室気付　中谷彰宏行
※食品、現金、切手などの同封は、ご遠慮ください。（編集部）

中谷彰宏は、盲導犬育成事業に賛同し、この本の印税の一部を（財）日本盲導犬協会に寄付しています。

[著者紹介]

中谷彰宏（なかたに・あきひろ）

1959年、大阪府生まれ。早稲田大学第一文学部演劇科卒業。84年、博報堂に入社。CMプランナーとして、テレビ、ラジオCMの企画、演出をする。91年、独立し、株式会社中谷彰宏事務所を設立。ビジネス書から恋愛エッセイ、小説まで、多岐にわたるジャンルで、数多くのロングセラー、ベストセラーを送り出す。「中谷塾」を主宰し、全国で講演・ワークショップ活動を行っている。中谷彰宏公式サイト http://www.an-web.com/

会話力のある人は、うまくいく。

2015年３月24日　第１刷発行
2015年４月21日　第２刷発行

著者　中谷彰宏
発行人　鈴木昌子
編集人　長崎有
企画編集　森田葉子
発行所　株式会社 学研パブリッシング
〒141-8412　東京都品川区西五反田2-11-8
発売元　株式会社 学研マーケティング
〒141-8415　東京都品川区西五反田2-11-8
印刷所・製本所　中央精版印刷 株式会社

この本に関する各種のお問い合わせ
［電話の場合］・編集内容については　TEL 03-6431-1473（編集部直通）
・在庫・不良品（落丁・乱丁）については　TEL 03-6431-1201（販売部直通）
［文書の場合］〒141-8418　東京都品川区西五反田2-11-8
学研お客様センター『会話力のある人は、うまくいく。』係
この本以外の学研商品に関するお問い合わせは　TEL 03-6431-1002（学研お客様センター）

学研の書籍・雑誌についての新刊情報・詳細情報は、下記をご覧ください。
学研出版サイト　http://hon.gakken.jp/

好評既刊！

中谷彰宏　「うまくいく」シリーズ

ブレない人は、うまくいく。

迷わなくなる55の方法

中谷彰宏・著　四六判並製　学研パブリッシング
定価：1300円（＋税）

間違っていても、
好きなほうを選ぶ。

- 基準が、まわりの目になると、ブレる。
- 嫌われることを、恐れない。
- 引かれても、くじけない。
- 「なんとかして」より、「なんとかしよう」。
- ほめも批判も、8掛けで聞く。
- たった1人のために仕事をすれば、迷わない。

好評既刊！

中谷彰宏　「うまくいく」シリーズ

怒らない人は、うまくいく。

品格を高める61の方法

中谷彰宏・著　四六判並製　学研パブリッシング
定価：1300円（＋税）

**イラッとするところで、
微笑もう。**

- 1分だけ怒って、切り上げよう。
- 怒りは、伝染する。
- 行動で、怒りをおさめよう。
- 挨拶をするだけで、怒りが消える。
- イラッとしたら、空を見よう。
- 「とにかく腹が立つ」から、抜け出そう。

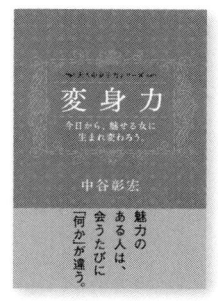

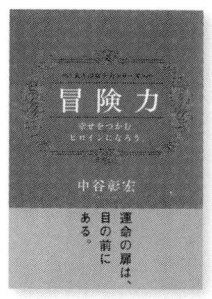

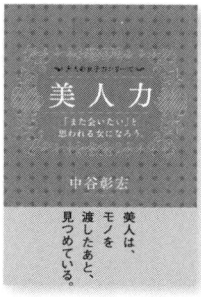

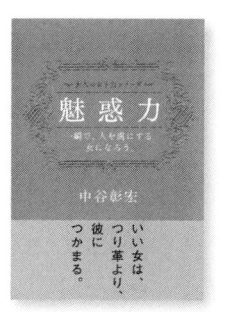